JN411341

이제야 시작하는

인천 노동문화 이야기 ①

그 뜨겁던 날의 기억

조봉호 · 이주헌 · 백승수

인천노동문화제 조직위원회 편

일러두기

1. 이 책은 '2023 문화기획 프로젝트 시민X 사업'의 결과물로 구술채록문 중 주요 내용을 정리·편집하였다.
2. 구술채록 면담 시 촬영한 사진과 구술자 소장 자료사진은 별도 출처 표기를 하지 않았다.
3. 이 책에 게재된 내용은 구술채록 참여자들의 의견이며, 인천광역시와 인천문화재단의 견해와는 다를 수 있다.

차례

조봉호

싸우며 쌓으며
내놓으며 내려놓으며

1. 시작은 탈반

나의 정체성을 구성하는 가장 중요한 시작은 문화예술이에요. 사회의 어떤 모순에 대해 눈을 떠서 운동을 시작했다기보다는 대학 가서 한 6개월 정도 지난 여름방학 때쯤 해서 탈춤반에 들어가게 되었어요. 내가 아주대 탈반 79학번이에요. 들어가자마자 그해 여름에 열흘 동안 통영오광대 전수를 받으러 갔어요. 열흘 동안 정말 많이 배웠어요. 춤추는 것도 배우고 장구 치는 것도 배우고. '재밌고 좋다.'는 느낌이었기 때문에 계속 하게 되었어요.

그리고 그 연장선상에서 당시 대학의 탈춤반이 하던 사회적 비판의 역할이 있었어요. 오픈 써클이기는 하지만 탈춤 자체가 이전에 양반 계급의 모순을 드러내던 양식이니까 자연스럽게 사회에 관심을 갖고 공부하고 문제의식을 갖게 되는 거죠.

그리고 대학 탈반은 하나의 대학뿐만이 아니라 수도권 대

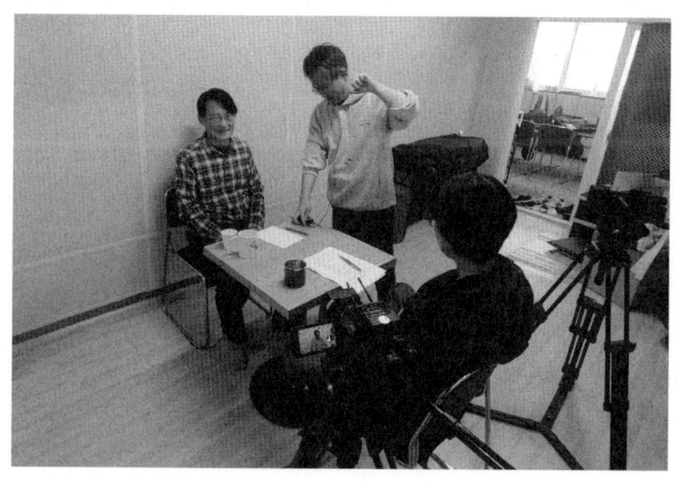

학들이 연대하는 연대체가 있었어요. '연탈'이라고 해가지고 '연합탈반', 당시에 한 20~30개의 민속극회 내지는 탈춤반들이 정기적으로, 일주일에 한 번 이런 식으로 용산이나 종로 등지에 무용학원을 빌려서 (서로 춤도 배우고 연습하고) 서로 학교 상황 보고, 탈춤반 활동 보고 같은 것도 하고 어려운 점 있으면 서로 조언도 구하고……. 여러 가지 활동을 했어요. 이 연탈 활동 전에는 학생운동을 담아낼 외부 조직이 없었어요. 그때 활동하던 곳이 기독교쪽 탈반, 기탈(기독교 탈반)이라고 했어요. 기탈의 멤버들이 민속극회도 만들고 핵심으로 활동을 많이 했어요. 그 연장선상에서 연탈이 만들어진 거예요. 연탈에서는 공식적으로 각 학교의 대표들이 나와서 학교 활동, 상황을 공유하면서 학생운동의 전체적인 분위기가 어떤지 서로 알게 되었어요.

1979년 가을에 정기공연을 하고 있는데 며칠 되지도 않아서 10·26이 났어요. 박정희가 죽은 거예요. 그러고 나니까 '앞으로 어떻게 할 것인가.' 이런 문제에 자연스럽게 생각이 모이고 자연스럽게 학원자율화 활동을 준비하게 되었죠. 그 전에 준비하다가 연기되었던 연탈 전체 수련회를 기획했어요. 1980년 2월에 과천에 영보수녀원이란 곳에서 전체 수련회를 한 거죠. 수련회라고는 하지만 각 학교의

76학번, 77학번 선배들부터 다 왔어요. 채희완 선배, 김상복, 이상훈, 김봉준, 유인열, 박인배, 황선진, 연성수 같은 선배들이 다 왔던 걸로 기억돼요. 정말 잘 놀았어요.

그때 공연을 준비했어요. 마당극을 준비해서 탈춤을 옛날에, 정형화된 봉산탈춤, 강령탈춤, 통영오광대, 양주별산대, 이런 거 자체를 올리는 것도 그 자체를 올리는 의미가 있지만, 그것도 그 시대에 모순을 담아서 극을 꾸린 거기 때문에, 우리도 우리 시대 때 모순을 담아서 꾸린 마당극, 한국 근현대사를 기반으로 탈춤으로 만들어 가지고 공연을 했죠.

내용은 한국 근현대사 30년, 농촌사회의 모순, 또 농촌에서 노동자로 다 올라와가지고 노동현장으로 들어가는 모습을 담은 거예요. 김지하의 〈오적〉 같은 작품에 영향을 받아가지고 정치권 비판이나 풍자, 이런 내용도 담았고요. 그게 모티브가 돼서 각 학교에 학생회가 만들어지는 데 아주 중추적인 역할을 해요. 학도호국단 체제에서 학생회로 전환하는 그 시기죠. 그 3월이 각 학교에서 총학생회가 만들어지던 때였거든요.

바로, 총학생회를 만들었다는 의미가 아니고, 학원민주화 그러니까 학생회를 만드는 자치적인 활동을 조직하는 거죠. 공청회 같은 것을 계속 개최하고 서클(circle, 동아리)도 활성화되면서 기반을 만들고……. 1980년 5월에 학생 시위가 서울로 집중될 수 있었던 기초도 그런 가운데서 마련되었던 거예요. 왜냐하면 총학생회장 간의 연대 테이블들이 만들어지고, '어떻게 할 것인지' 시국회의도 하고 5월 15일 날 회군하는 것까지, 대학생들이 시위를 하는 과정에서 각 학교에서 탈반들이 그런 역할을 했죠. 내가 다녔던 아주대에서도 탈반이 학생 활동 서클(circle)의 원조 격으로 사람들을 배출하고 야학이나 풍물, 연극, 노래 이렇게 발전해 나가다시피 했었어요. 그런 상황에서 나도 탈춤반에 입문을 한 것인데, 그때 커리큘럼(curriculum)이니 뭐니 모든 게 선배들로부터 전달이 되니까 그거 갖고 공부를 했어요. 경쟁적으로 책도 사 보고, 정말 필요한 건 그때 다 본 것 같아요.

그런데, 5월 15일에 서울에서 모였던 그 학생 시위대가 잠시 주춤했어요. 상황을 보자는 거였죠. 그런데 광주에서 터져 나왔고 그걸 과도하게 진압하는 와중이어서 분명히 계엄이 떨어질 것이라고 예상을 했어요. 그러면 계엄 상황이 오면 어떻게 할 것이냐, 다시 고심을 하게 되었죠. 탈반은 주마다 계속 연대 모임을 하고 있었으니까요. 그래서 계엄이 떨어지면 종로 어디에서 만나서 그 이후에 어떻게 활동하고 도봉산 쪽 어디로 가서 어떻게 만나자. 이런 약속을 해두고 있었어요. 그런데 결국 5·18을 맞으면서 끝내 계엄이 떨어지고 탱크가 시내에 주둔하고 살벌한 상황이 되었어요. 그런데 그런 중에 광주가 심상치가 않다는 소식이 또 들려오고 해서 '이런 상황에서 뭘 해야 되나?' 물을 수밖에 없잖아요. 그래서 이런 내용에 광주 소식을 유인물로 만들어서 서울역부터 종로 5가까지 왕복을 하면서 배포하는 활동을 하기로 했는데, 그 유인물 만드는 작업을 내가 담당했어요. 탈반 78학번, 79학번 몇 명이.

그때 내가 교회에 다니고 있었고 그 교회 청년회장이었어요. 교회 목사의 집 안에 지하실이 있었는데, 거기서 광주에서 올라온 소식, 우리가 전하고 싶은 내용 같은 것을 철필로 긁어서 하룻밤 등사기에 밀면 한 3만 장, 4만 장 이렇게 밀거든요. 그걸 20장씩 묶어가지고 안에 책받침을 넣어서 전철 안에서 탁! 놓으면 책받침이 튕기면서 유인물이 확~ 뿌려져요.

그렇게 유인물 활동을 하고 있는데, 동기 중에 서울대 79학번 안 아무개라고 걔도 탈반인데, 걔가 현장에서 잡혔네! 미도파백화점 위에서 유인물 한 장씩 뿌리다가. 그래서 걔로 인해서 탈반 연대 모임에 한 20~30명 인원이 모두 수배에 오르게 돼요. 전국에 수배가 된 거예요. 그때 신문자료를 찾아 보면 나도 수배자 명단에 있어요. 그렇게 전국에 수배가 되는 바람에 나는 집안 정리가 되었어요. '야, 쟤는 건드리면 안 되겠다!' 고향에서도 그렇고 우리 집에 엄마아빠도. 그냥 '데모하러 다닌다.'하면 부모들이 걱정해서 '야, 공부해. 데모하지 말고. 응? 모난 돌에 정 맞는 거야. 가면 안 돼.' 뭐 이렇게 해야 하잖아요. 그런데 그렇게 확 떠버리니까 자식을 보호해야 되는 거죠. 그러니까 아예 하지 마라는 소리는 못 하고 '막 너무 심하게 나서지만 마라.' 이제 이런 수준이 된 거죠. 학교에서도 내가 수원에 있는 아주대지만 서울에서 수배가 됐기 때문에 서울 남대문 경찰서가 관할서라 집에 계속 찾아오지, 어른들이 무슨 정신이 있으셨겠어요.

▲조봉호(아주공대2년·서대문구대 조동·유인물살포)

이런 수배생활을 한 3~4개월 했어요. 고등학교 때 친구 집에 가서 있었는데, 그때는 전혀 네트워킹(networking)이 안 되니까 못 찾죠. 경찰들은 집에 와가지고 계속 '어디 갔냐.' 막 고향 찾아가 갖고 '조봉호 안 내려왔냐.'서부터 교회니 뭐니 다 뒤지고 다니고, 나는 연락해서 대충 소식은 듣고 있었죠. 그때 활동을 하게 되면 이런 각오는 하고 해야 되는구나. 하고 생각했었어요.

게다가 학교에서도 '얘 모르는 앤데…….' 그런 애가 전국 수배가 된 거야. 그러니 학교에서도 바로 요주의 인물이 됐고요. 그때는 학내에 보안사, 형사, 경찰서 보안과 등등이 다 상주하던 때였기 때문에 늘 근황을 보고하는 요주의 인물이 있었어요. 계엄도 꽤 오래 갔어요.

그렇게 수배 생활을 하던 차에, 사건이 거의 다 정리될 즈음에, 빨리 와서 이제 정리하면 큰 뒤탈은 없을 거라고 해서 기본 조서를 다 꾸며놓은 상태에 자수 형식으로 들어가서 정리를 했어요.

1980년 6월 초에 전국 수배가 떨어졌고 한 3개월 수배생활하고 8월 즈음에 남대문서에 들어가서 정리를 하는데 양원모, 장영덕 같은 이들하고 같이 있었어요. 자수하고 들어갔어도 내가 주로 유인물을 만들고 장소 제공하고 뿌리는 것까지 담당을 했기 때문에 조서는 계속 썼어요. 경찰이 자기들 나름대로 일정한 루틴(routine)이 있잖아요. 나름 그림을 그려놓고 있어요. 그들의 매뉴얼(manual)이라고 해도 되고……. 여튼 그 사람들 마음에 들 때까지 계속 썼지요.

그리고 대학 휴교령이 해제되어서 학교로 돌아갈 수 있게 되었어요. 계엄령 내리면서 대학에 휴업령이 내려진 상태라 수업은 없었고 성적은 과제물 같은 걸로 대체됐었어요. 그래서 수배생활 하는 동안 학교 문제는 오히려 없었던 거죠. 학교로 돌아가서 정기공연 준비를 했어요. 그때 '강령탈춤'을 했지요. 1학년 때는 통영오광대를 했고요. 이때가 학원자율화 논의가 무척 활발할 때라 봄에는 굉장히 활동을 많이 했었어요. 그때까지 대학이 학도호국단 체제였는데 학생들을 군사조직으로 편성해서 대표성을 부여한다는 거 자체가 말이 안 되잖아요. 그래서 학생 자율의 학생회 체제로 개편되어야 한다는 주장을 '학원자율화'라고 했던 거예요. 공청회도 많이 개최하고 여러 가지 활동을 했어요. 우리는 마당극을 만들어서 공연을 굉장히 많이 했어요. 각 학교마다 돌아다니면서 계속 마당극 공연하고 서로 봐주고 평가하고 공유하고, 그 마당극 대본 받아서 각자 학교에 맞게 교정해가지고 또 올리고……. 그때 공연경험이나 또 선동하는 도식이, 시국 분위기가 그랬으니까, 풍물 들고 도서관 들어가서 나오라고 다 끄집어내고, 막 그러면서까지 풍물을 치고……. 풍물은 그때 하나의 장르로 독립했던 상태가 아니었고 탈춤에 장단이 들어가야 되니까 필수 훈련 과정이었어요. 그때 내가 상쇠 잡았었고 탈춤은 강령, 봉산, 통영오광대, 양주별산대놀이 같은 거였어요.

그때 강령 같은 경우는 연습을 얼마나 그 심하게 시켰는지, 그러니까 기본춤 과정을 열댓 번씩 시키면 거의 까부러지거든요. 기본 춤을 쉬지 않고 얼마나 소화할 수 있느냐가 내공이랄까, 기본 체력이 되는 거죠. "야, 우리 강령 열일곱 번

줬어! 다 뻗었어." 뭐 이렇게 자랑 같이 이야기도 하고요. 그때도 공연 끝나면 수원서에 불려 들어갔어요. 왜냐하면 탈춤반이 공연을 하면 그 틈을 타서 '학원의 과제' 뭐 이런 이슈로 유인물을 만들어가지고 뿌리는 일이 다반사였으니까. 공연 때는 관중석에 형사들이 다 섞여 있어요. 집회는 못하게 했지만 그런 문화공연까지 못하게는 못했어요. 그러니까 공연 공간을 통해서 총학생회 활동 같은 거 하는 애들은 문제의식을 가지고 거기서 유인물 만들어서 뿌리고 구호 외치고, 그러면 또 경찰이 뜨고 서로 잡고 도망가고 막 이런 상황이 벌어지는데, 그러면 공연을 한 사람이니까 그 책임을 지고 탈반 동기들하고 같이 조사를 받고……. 게다가 나는 1980년 5월에 한 번 찍힌 사람이니까.

그렇게 2학기가 끝나고 나니까 탈반 지도교수가, 그때는 서클에 지도교수가 있었잖아요. 지도교수가 부르더라고. "학교 계속 다니는 거는 힘들다. 계속 물어보고 계속 그렇게 조사하고 관심을 받고 하는데 네가 살기가 힘들 거다." 그러면서 군대 얘기를 하는 거예요. 그래서 할 수 없이 "알았다."고 했어요. 그게 말하자면 학원 내 요주의 대상들을 상대로 강제징집이 이루어진 과정이었지요.

그런 얘기를 나누고 얼마 되지도 않았는데, 한 3일 만인가? 바로 소집영장이 나왔어요. 내 고향이 창원이니까 거기서 징집이 되어서 바로 기차 타고 거기로 실려 갔다고. 너무 갑작스러워서 내가 군대 갔다는 거 모른 사람들도 있었던 거 같고 다른 연탈 멤버도 그렇게 된 경우들이 좀 있었을 거예요. 그게 1981년이에요.

이 과정에서 무용담(?)을 하나 이야기하자면, 이 강제징집자는 학적 변동자라고 해서 그 명단을 보안사(국군보안사령부)에서 관할해요. 얘네들이 일주일 단위로 상황을 다 모아서 보고서 작성을 해요. '학생운동 무슨 건으로 해서 들어온 애 어디 사단 있고, 탈반 관련해서 들어온 애 어디 있고.' 이런 식으로.

그런데 나는 논산훈련소로 간 것이 아니라 1사단 훈련소로 갔어요. 그때는 사단마다 신병교육대가 있었어요. 그 1사단 훈련소가 전두환 사단이었어요. 지금은 다들 아는 사실이지만 그때 전두환은 전역도 안한 상태에서 박정희 시해 사건 수사본부장 하면서 그때부터 권력을 잡기 위해 12·12(군사반란 사태)까지 벌써 일어난 상태였고 그 루트로 1980년 6월에 체육관 선거로 대통령이 되기까지 제대로 전역도 안 하고 별 두 개에서 곧바로 세 개 달고 네 개 달고는 전역해서 나간 거예요. 그런 꼴을 보면 개판이라는 생각을 할 수밖에 없지. 여튼 1사단 신병교육대에 들어갔는데, 그때까지는 내가 어떤 일로 군대에 들어왔는지 모르는 상태였던 거예요. 사단 신병교육대까지는 자료가 아직 안 온 거죠. 한 700~800명 되는 교육대인데 6주간 훈련을 받았고 거기서 내가 1등을 했어요. 사격을 잘해서 [웃으며] 덕분에 포상휴가를 나온 거죠.

그때는 신병도 성적우수자들에 대해서 포상휴가를 주고 그랬어요. 포상휴가를 가지고 당근으로 사용을 많이 했었던 때였다고. 그래서 포상휴가 나와서 사람들 만나서 "나 군대 끌려갔고 지금 훈련 받다가 이렇게 해서 휴가 나왔는데. 너네

빨리 이거 정리하고…….' 정말 휴가 나왔기 때문에 가능했어요. 너무 갑작스레 끌려가서 갑자기 안 나타나는 것 때문에 다른 문제가 생길 수도 있었고 오해도 있을 수 있었는데.

군에서는 강제징집자니까 항상 소대장이나 담임 선임하사들이 더 주목해서 관리를 했죠. 항상 "애로사항은 없냐?" "요새는 어떤 생각을 하냐?"

그러다가 일병 달던 때, 근무 교대하는 순간에 총에 맞았잖아요.

그때 주변에 거수자 출현이라고 해서, 간첩들이 넘어왔다는 거예요. 그래서 실탄을 장전한 상태로 근무를 했었는데 선임 분대장이, 제대를 한 한 달 정도 남겨놨나? 그런 분대장이 근무 교대하면서 총 무게를 견디지 못하고, 총을 떨어뜨렸는데, 이 총이 떨어지면서 방아쇠가 당겨져서 바로 앞에서 내가 맞은 거지. 맨몸으로 맞았으면 관통을 했을 텐데 실탄을 장전한 상태니까 실탄 탄창 가장자리를 맞고 들어간 거예요. 왼쪽 대퇴부 위쪽에 파편과 총알 탄두가 다 들어가 박혀서 계속 곪았던 거죠. 그래서 '이걸 다리를 잘라야 되냐. 막 어쩌냐.' 이런 상황이었었어요.

그래서 병원에 바로 실려 갔어요. 그런데 군대 병원이 자대 사단에서 관할하는 병원이 있고, 더 중대한 부상은 육군병원 같이 더 큰 병원으로 가는 건데, 그렇게 큰 안전사고가 나면 중대장부터 대대장, 사단장까지 안전사고에 대한 책임을 지게 돼요. 그러면 자기네 승진에 누가 생기니까 얘네들이 자대 병원에서 해결하려고 더 넘기지를 않은 거예요. 그런데 사단병원 정도에는 보통 의대에서 입대한 학생 수준 의사들이 있을 뿐이잖아요. 얘들이 수술을 했는데 한 3, 4개월 누워서 치료했어요. 그때 의무주임 상사는 내 살을 차게 해야 한다고 쇠고기를 먹여야 한다는 거예요. 그래서 그때 난 정말 쇠고기를 신물 나게 먹었어요. 매 끼니마다. 상사가 버너에 볶아가지고 와서. 그 쇠고기도 사고를 낸 부대 중대장 사모가 사온 거예요. 어쨌든 자기들의 진급과 승진에 누가 되지 않게, 불똥이 튀지 않도록 보호를 한 거죠. 그런 정도는 자대에서 처리하는 관례가 너무 많은 시대였어요.

그렇게 군 생활을 하는데, 그때 조언을 제대로 받았으면 안전사고 피해자로 해가지고 그냥 의사 제대를 할 수가 있었어요. 그러면 소위 원호대상자가 되는 거예요. 원호대상자면 나와서 국가보훈병원에서 치료도 제대로 받고 장애 등급도 받을 수 있고 그랬을 텐데, 그때는 또 군대에서 만기제대를 해야 사회에서 사람 역할을 제대로 할 수 있다고 하던 시절이라……. 그래서 정말 피나는 재활훈련을 하고 결국은 만기제대를 했어요.

어쨌든 총기사고가 1차 마무리가 되어서 군생활을 계속하고 있는데, 상병 때쯤 돼가지고 다시 곪고 재발이 된 거예요. 지오피(General Out Post/일반 초소) 안에서 근무를 했었는데, 실려서 부산통합병원까지 내려갔어요.

이때 더 어려웠던 것은 그때 녹화교육이라고 해서 강제징집된 학적변동자들 대상으로 보안사에서 했던 거예요. 이런 사병들을 휴가라고 내보내서 같이 활동했던 친구들을 만나서 지금 어떤 활동을 하는지 캐오라는 거예요. 아휴……. 부산 통합병원에 입원해 있는데, 보안사 애들이 와서 휴가를 갔다 오라는 거예요. 휴가 나와서 사람들 만나서 내가 어떻게 나오게 되었는지 얘기하고 '알아서들 처신해라.'하고 움직이는 거죠. 다시 자대로 돌아가서 병장일 때는 '이런 책 읽고 싶으니 보내달라.' 해서 공부도 많이 한 편이에요. 책의 제목, 저자, 내용 같은 거 다 보안사로 취합되어 들어갔지만 아랑곳하지 않고 읽고 싶은 거 읽었어요. 1983년 7월에 제대했어요.

2. 인천으로 가는 길

다음 해, 그러니까 1984년에 복학을 해야 할 상황인데, 복학 전에 호구지책으로 출판사 일을 했어요. 교양서적 같은 거 기획해서 내는 출판사가 아니라 인쇄하는, 학생들 학위논문에 금장 박아서 인쇄하는 곳이었어요. 어머니가 제본공으로 오래 일하셨고 현장에 있는 삼촌도 있어서 그 인맥으로 추천을 받아서.

학교는 소위 '유화국면'이라고 해서 분위기는 좀 나아진 상태였지만 계속 찍혀왔는데 복학해서 학교에 돌아가면 계속 그런 생활을 하게 될 것 같더라구요. 그때 마침 연탈에서는 노동현장을 들어가는 모임, 그러니까 노동현장으로 이전하는 것을 준비하는 모임이 한편에 있었어요. 당시 추세가 학교에서 학생운동을 하던 친구들이 이 사회의 기본모순을 해결하려면 노동자를 중심으로 한 조직화, 의식화가 필요하다는 문제의식을 갖고 있던 때였으니까.

혹시 '보금자리'라고 아는지 모르겠네요. 시흥에 있어요. 서울에서 빈민들이 판자촌에서도 밀려나서 정착해 만든 마을이에요. 거기서 주요 활동을 했던 멤버가 제정구 씨, 동생 제정원 씨도 같이 있었고 정일우 신부라고 외국인 신부도 있었어요. 거기에서 청년들이 사회에 잘 적응해 갈 수 있도록, 자기 삶을 능동적으로 꾸려갈 수 있도록, 일종의 야학 같은 것을 꾸리고 있었는데, 거기에서 탈춤을 매개로 해서 교육을 했었어요. 초기에는 나하고 이화여대 77학번 구재현 선배, 그리고 우리 79학번 서너 명이 거기에 결합해 있었어요. 그런 활동을 하면서 노동현장으로 들어가는 것에 대해 깊이 있게 고민하고 있었고 또 교회에서도 탈반을 꾸려서 예수의 삶에 대해서, 그때 김민기의 〈아침이슬〉의 모티브가 된 〈금관의 예수〉라는 작품으로 시대 상황과 연관 지어서 마당극을 만들어 가지고 예배당에서 의자 치우고 공연도 하고요. 거기가 한성교회라고 목사님이 도시산업선교회와 관계가 있었던 것 같아요.

이런 활동을 하면서 결국 복학을 안 하기로 결정을 했어요. 집안 사정도 굉장히 어려운 편이었고요. 복학을 하려면 등록금이 필요한데, 그때는 아르바이트 할 것도 별로 없었어요. 집안에 등록금 낼 여윳돈도 없을 정도라서 복학을 하려면 어디서 빚을 내야 할 형편이었던 거예요. 군대 가기 전에도 사정은 다르지 않았지만 그때는 상황을 몰랐죠.

고척동에 첫 번째 방을 꾸려서 시작을 했는데 그때 같이 생활했던 멤버가 양원모하고 장영덕이에요. 그리고 거기에 이어서 탈반이나 노래패나 연극패, 풍물패 활동을 한 멤버 중에서 현장으로 넘어가려고 하는 의지를 가진 친구를 만났어요. 그것이 서울대 노래패 79학번 김보성하고 서강대 풍물패 79학번 송동수(송성섭)이에요. 이 멤버로 역곡에서 잠깐 생활하다가 인천으로 이사와서 청천동에서 같이 살았어요. 그때가 1985년 무렵이에요.

이때 처음 들어간 현장이 대우자동차 직업훈련소였어요. 1985년 대우자동차 임금 인상 투쟁 때, 홍영표니, 송경표니 하는 사람들이 투쟁할 때였는데, 바로 그 다음달에 내가 직업훈련소에 들어갔다고요. 이 무렵 대학 문화패에서 활동하며 자기 정체성을 갖고 노동현장에 들어오는 후배들을 내가 80학번, 81학번, 82학번까지 받았어요. 그림 그리던 애들, 연극하던 애들, 풍물하던 애들, 탈춤반 애들……. 그들 현장 모임을 내가 관리했어요. 그때는 정말 굉장히 많은 학생 활동가들이 현장으로 넘어오는 과정 중에 있었기 때문에 인천에 정말 발 디딜 틈이 없다는 표현이 맞을 만큼 여러 경로를 통해서 모여들었어요.

이때 인천을 택하게 된 객관적인 근거가 있었어요. 인천이 대한민국에서 가장 생산량이 큰 도시였으니까. 내가 인천을 걸어다니면서 모든 공단을 다 걸어다니면서 일일이 조사를 했었어요. 부평 대우자동차 옆에 4공단, 주안 5공단, 6공단, 기계공단, 저 하인천의 공단들……. 그때는 남동공단이 없을 때니까. 생산 규모는 대우자동차가 제일 컸고 그 다음이 한라중공업, 그때는 인천조선이었죠. 인천제철이 있고 대우중공업이 있고요. 큰 단위 공장들이 있었는데 도시 규모별로 해서 노동자 수가 제일 많고 생산 규모도 제일 크고요. 지금 들으면 허황되게 들리겠지만 그때는 '여기를 잡아내면 한국 사회는 바뀐다.' 이런 작전이었어요.

그때 다른 친구들은 성남으로 간 친구도 있고 구로 쪽으로 들어간 친구도 있었는데, 나는 그런 곳이 눈에 차지 않았어요. 당시 구로공단의 규모나 성격은 일단 인천하고는 비교할 수 없게 작고 업종도 봉제, 전자 정도 일정 규모로 꼽을 수 있었을 뿐이니까요. 인천은 대우자동차 하나만 해도 거의 10,000명 단위였으니까요. 그 상징적인 장면이 홍영표가 김우중이랑 막 협상할 때, 계속 방송에서 찍고 내보내고……. 하나의 공장이 갖는 사회적 영향력이 그만큼 크니까 다른 노동자에게 끼치는 영향도 그렇게 클 게 아니냐고 생각했던 거죠.

그런 과정은 같이 준비한 선배, 동기들이 있었어요. 그 선배도 서강대 탈반이었는데, 같이 준비해서 같이 인천을 택한 거였는데, 그때 우리들이 문화패 활동을 했던 학생 활동가들이 대부분이어서 컬러가 분명했던 거죠. 당시는 소위 엔엘(National Liveration 민족해방)이니 피디(People's Democracy 민중민주)니 하고 나뉘기도 애매한 때여서 이 그룹을 '까치파'라고 했어요. 왜 그랬냐면 그 그룹이 인천에서 시위를 준비하고 이럴 때, 그때는 소규모 기습 시위를 많이 했었거든요. 집회 허가가 안 나니까. 집회에서 배포할 유인물을 작성했는데, 그 무렵에 가장 센세이셔널한 인기를 얻었던 만화가 이현세의 〈공포의 외인구단〉이었어요. 그 만화 주인공이 '까치'와 '엄지'예요, 이들을 주인공으로 해서 스토리를 만들어 가지고 임금 인상 투쟁과 임금 인상 투쟁을 둘러싼 인천의 상황에 대한 유인물을 몇 회에 걸쳐서 계속 만들어 갖고 내보냈어요.

"야, 이거 유인물 어디서 나온 거야?"

일단 그림이 심상치 않은 거죠. 다른 유인물은 그냥 글만 잔뜩 있는데 우리 것은 그림이 전면인 거예요. 판화로 찍어서. 거기에 슬로건 딱 걸고 이렇게 하니까. 그러니까 눈에 딱 들어오지요. 그거를 우리 멤버들이 매일 새벽에 청천동, 효성동, 인천의 주요 공단 지역, 배후 지역에 이제 다 '피세일(p-sale, print-sale, 전단 돌리기)'을 했고요.

그러면서 마찌꼬바(마치코바, 町工場, 선반, 밀링 등 금속을 가공하는 소규모 공장)서부터 자기가 들어갈 수 있는 정도 내에서는 다 공장에 들어가요. 일단 현장취업을 하는 게 지상과제니까. 그런데 정작 나는 대우자동차 직훈(직업훈련소)에 있다가 5개월 만에 떨려나요. 그때 대대적으로 임금 인상 투쟁 때문에 신분 조회가 굉장히 타이트하게 진행이 되었어요. 직훈 선생이 같은 성 씨여서 나를 좀 더 친근하게 대해주었어요. 그래서 내가 미리 얘기를 했어요. '대학을 중도에 포기하고 그냥 왔다.'고. 근데 대학 근처에 갔던 사람도 다 넘어가니까 '정리하는 게 좋겠다.'고 해서. 그때 버텼어야 되는데! 그게 내가 제일 아쉬워하는 요소 중에 하나예요. 직훈에서 나와서는 대림자동차, 오토바이 만드는 회사에 들어갔어요. 정규직으로 들어가기 힘들어서 비정규직으로 한 1년 다녔어요.

한편으로는 인천으로 넘어오는 소그룹 단위의 현장 이전 단위 관리를 하면서요. 관리라는 것은 현장에 들어가게 하고 현장 활동하면서 어떤 걸 주의하고 어떤 활동을 할 건지, 또 현장 상황이 어떤지, 이런 걸 계속 만나면서 상황 공유하고 준비할 거 준비하고. 자기가 필요한 것, 현실적으로 현장 내에서 일어나는 문제를 알고 준비를 해야 하니까요. 학습 같은 것은 우선 문제가 아니었어요.

그렇게 현장에 들어간 소단위들을 모아서 이들이 개인적으로 친분이 있는 노동자들하고 같이 참여하는 야유회를 꾸렸어요. 100명, 200명 상당한 규모였어요. 야유회에서 집단 공동체 놀이하고 줄다리기하고……. 그런 문화적, 이미 학교에서 대동제를 통해서 알게 됐던 놀이 등을 가지고 노동자들을 조직화하는 데 적극적으로 활용을 하게 했어요. 또 자신감도 있었죠. '노동자들의 현실 인식을 돕는데, 또 변화를 시켜내는데, 굉장히 주요한 역할을 할 수 있겠다.'라고 다들 생각을 했기 때문에 그림이랄지, 풍물이랄지 이런 것이 퍼져나가기 시작한 거예요.

풍물이라는 것도 그렇고, 그림이라고 하는 것도 그렇고, 순서로 따지면 노래패는 그 이후죠. 또 그때는 종교 공간이 있었어요. 도시산업선교회나 인천의 일꾼교회, 이런 활동을 외곽에서 지원해 주는 일손나눔 같은 곳을 통해서 각 현장에 들어가 있는 활동가들과 현장 노동자들의 교육, 학습, 이런 거를 자연스럽게 할 수 있었어요. 시장구경도 가고 서로 몸 공동체 놀이를 하면서 몸도 부딪히고 서로 털어놓는 얘기 속에 자기가 어떻게 살아왔는지 사는 게 어떤지 공유하면 서로 신뢰가 쌓이잖아요. 그게 기본이고, 현장 생활하면서 어떤 게 어려운지, 이런 소회들을 쉽게 풀어낼 수 있는 기회가 되고 그게 유효했던 거죠. 문화가 현장영역에 결합해 갔다고 할 수 있겠어요.

3. 인문연과 인노협

그 즈음에 인노협(인천지역 노동조합협의회)이 만들어져요. 팔칠(1987)년 6월 항쟁 지나고 나자마자 7월, 8월, 9월, 그러니까 칠팔구(7·8·9) 투쟁이 본격화되면서 노동조합이 만들어지는 데가 많아지고 그러한 걸 기반으로 해서 그 다음 해에 팔팔(1988)년에 지역노동조합협의회가 만들어지게 돼요. 그 지노협(지역노동조합협의회)을 기반으로 해서 1990년 초 1월에 전노협(전국노동조합협의회)이 만들어지게 되는 거고요. 그래서 현장 소모임 활동을 통해서 야유회든지 등반을 가거나 어디 구경 같이 가자, 연극하면 같이 보러 가고 또 어느 교회에서 뭐하면 같이 또 보러 가고요. 가끔 교회 공간에서 집회를 하기도 했거든요. 그런 데 참여하기도 하던 기반들이 사실은 7·8·9 대투쟁을 준비하는 과정이었던 거라고 보면 되지요. 거기서 네트워크(network)가 형성되고 각 현장별로 사람들의 인맥이 짜이고 했으니까요. 6월 항쟁의 사회적인 민주 분위기 속에서 노동자도 자기 조직을 만드는 배경이 이렇게 만들어져 갔다고 보면 되죠.

그 직전, 1986년에 '연탈'에서 만난 김복희 선생하고 결혼을 했어요. 그때 판단은 어차피 결혼을 할 거면 빨리 해야겠다 싶었어요. 현장 활동하는 것과 잘못 엮이게 되면 이도 저도 안 되는 상황이었거든요. 그래서 정말 목적의식적으로 결혼식을 준비했어요. '하자.'고 해놓고 한 달 내에 결혼식을 올렸으니까요.

김복희 선생은 서울교대 탈반 79학번이에요. 원래는 김복희 선생도 현장으로 들어간다고 구로에서 현장 체험까지 한 상태였는데, 1981년도에 교사로 발령이 난 거예요. 그때는 서울교대가 2년제였거든요. 그래서 발령까지 받아놓고 현장으로 들어갈 것인가 고민하다가 실행할 타이밍을 잡지 못하고 그대로 교사로 시작하게 되었어요. 지금 생각하면 평생에 잘한 결정이라고 생각해요. (웃음) 그리고 전교조(전국교직원노동조합), 교사 운동의 과제를 받아들이고 그쪽에서 일하게 된 거죠. 전교조 이전에는 교사들 중에 민주적 활동 의식을 가진 교사 모임 단위로 YMCA가 있었어요. 거기에 합류하면서 교사 모임을 시작하고 전교조를 만드는 과정이랑 같이 했죠.

결혼식 주례는 연세대 성내운(成來運, 1926~1989) 교수님께서 주셨는데, 이분이 제자들 결혼식에 가면 항상 시낭송을 하신단 말이에요. 우리 결혼식에 읊어주신 시가 문익환 선생의 〈꿈을 비는 마음〉이었어요. YWCA에서 결혼식을 했는데 현대민속혼례 형식으로 했어요. 동기들이 축가는 축가대로 부르고 축무, 액 씻김굿도 하고 정말 볼거리가 많았어요. 그 이전에 나는 이미 수배 당한 경험이 있었으니까 집안에서 '아, 저런 애는 저렇게 결혼하는구나.' 했었죠. 김복희 선생 집에서 말도 많고 반대도 있었지만 거기도 7남매인 데다 학교 교사인 딸이 스스로 결혼하겠다는데, "절대 안 돼." 하는 데는 한계가 있죠. 그리고 1987년 6월에 큰애를 낳았고요.

이 무렵에 나는 부평에서 분식집을 하고 있었어요. 부평역 옆에 지금 롯데마트 오른쪽으로 육교가 있어요. 그 육교 너머, 육교 건너자마자 왼쪽 골목에 엄지분식이라고 있었어요. 골목 바라보는 단층 건물에 테이블 너댓 개 있는 조그만 가게였어요. 현장 소모임을 관리하면서 '까치' 유인물을 만들어 내던 시절이라 '까치' 애인이 '엄지'잖아요. 그래서 엄지분식이죠.

연대가 어떻게 섞이는지는 확인이 필요한데, '두렁'의 멤버들이 인천으로 넘어온 거예요. 성효숙 선배도 그렇고 그 후배 중에 양은희라고 있었고 김진수하고 장진영 형하고……. 그리고 인문연(인천민중문화예술운동연합) 만드는 시기에 '노래패 산하'가 만들어져요. 인하대, 인천대 말고도 서울에서 온 애들도 많았어요. 최도은이는 숙대 출신이고요.

그때 나와 같이 인천으로 온 송동수(송성섭)은 한광대 풍물패를 만들고 김보성은 외곽에서 한국노동자복지협의회라고 있었는데, 그쪽에서 따로 활동을 했어요. 이런 활동은 같이 합의한 것이 아니에요. 나는 이런 활동에 대해서 전혀 모르고 있었으니까. 각기 나름의 고민을 갖고 했던 활동이라고 할 수 있죠. 한광대가 만들어지고 그 연장선상에서 지역에서 같이 했던 그 단위들이랑 인문연, 인천민중문화예술운동연합을 만들게 되죠. 나는 인문연이 만들어지는 초기 단계에는 같이 하지 않았어요.

현장에서 노래패가 만들어지는 것은 인문연 이후의 일이에요. 팔칠(1987)년 칠팔구 투쟁으로 조직화된 기반을 통해서 지노협이 꾸려졌고 인노협(인천지역노동조합협의회)이 생겼고 인노협 초대 문화부장으로 인천의 문화공간으로 왔었던 신재걸 대표가 들어왔어요. 신재걸 대표는 인하대 78학번 기탈(기독교 탈반) 멤버예요.

내가 관리하던 현장 소모임은 칠팔구 투쟁 이후로 산개돼요. 이들을 하나의 큰 조직으로 묶는 작업을 못한 거예요. 이들이 칠팔구 투쟁과정에서 현장에 있는 다른 조직과 더 관계가 깊어진 거예요. 투쟁과정은 더 깊고 돈독한 인간관계를 맺게 만들어요. 신뢰도 더 쌓이는 것이 당연하고 투쟁에 필요

한 자료나 소스를 밖에 있는 사람한테보다 더 쉽게 많이, 더 디테일하게 전달 받을 수도 있고요. 나중에 보니까 어떤 애는 엔엘(NL, National Liberation 민족해방)에 가 있고, 어느 애는 피디(PD, People Democracy 민중민주)로 가 있고, 또 어떤 애는 어디에 가 있고 막 이렇게 된 거지. 그래서 산개라는 표현을 쓴 건데, 그때 만약 조직화 작업이 더 준비가 되었더라면 까치 조직을 기반으로, 문화를 컬러로 삼는 조직을 만들 수 있는 가능성이 충분이 있었는데, 그걸 못했어요.

1988년인가, 정화진이 찾아왔어요. 소설 「쇳물처럼」 쓴 정화진이 본명은 황희돈이에요. 인문연(인천문화예술운동연합) 사무국장이었는데, 엄지분식으로 찾아와서 "형 사무국장 좀 해줘!" 이러는 거예요. 내가 분식집 하고 있다는 것만 알고 현장 소모임을 어떻게 하고 있는지는 모르는 상태였어요. 그래서 고민 좀 해보자고 했죠. 현장 소모임은 산개된 상태이고 현장에서도 나온 상태여서 내가 현실과제가 없었거든요. 그래서 인문연 사무국장을 맡게 된 거예요. 들어가보니 동수(송성섭)가 대표였고 정책실장이 홍대 출신 내 동기로 이철수라고 있었고 처음 만들 때는 고대 우수홍이 있었고요.

인문연(인천민중문화예술운동연합)의 문예사업부 예술 단위가 노래패 산하, 그림패 갯꽃, 풍물패 한광대, 연극은 서울에서 장소익이 후배들을 데리고 와서 극단 청복을 만들었어요. 그림패 갯꽃에는 정정엽이라든가, 허용철이 있었고요. 풍물패 더늠은 아직 만들어지기 전이었고요.

당시 만들어졌던 민주노조라고 하면 의외로 활동 중심이

노동자 문화패를 꾸리는 데 있었어요. 풍물패 만들고, 노래패 만들고, 또 어떤 때는 한창 노조 돌아다니면서 그림, 걸개그림 그려주고 했던 때이기 때문에 현판식하고 그러면 거기 지원하고 노래패, 풍물패 강습하고……. 이런 활동들이 중심이었어요. 그러면서 만들어진 것이 대우자동차 풍물패, 대우중공업 노래패. 대공장이라고 규정해서 만들어지는 패들이 있었는데, 그게 한 열서넛 됐을 거예요. 그리고 인노협(인천지역노동자협의회) 산하에 중소노조 단위 각 노조에 풍물패가 있는 현장이 있고 노래패가 있는 현장이 있고, 거기에 지원 강습 나가고 그랬어요.

신재결 다음에 이진구라는 친구가 인노협 문화부장을 했는데, 이 친구는 그리 오래하지는 않았고 그래서 인문연 쪽으로 요청이 왔어요. 당시 인천에서 문예활동에 관련된 대외 노동조합 사업을 했던 단위가 인문연이라. 인문연에서 내가 사무국장으로서 현장조직사업을 하고 있었으니까 내가 인노협 문화부장으로 가게 된 거예요. 그게 아마 구십(1990)년, 구십일(1991)년? 전노협 만들어지고 나서.

그 즈음에 분식집을 하기는 했지만 아내가 교사니까 아내 수입이 주수입원이었는데, 팔구(1989)년에 해직이 되었잖아요. 해직되고 나서는 또 상황이 달라졌지요. 구십(1990)년에는 둘째가 태어났고요. 둘째가 태어나자마자 '더 이상 내가 벌이를 무시하면 안 되겠다.' 싶더라구요. 그래서 우유배달을 시작했어요. 그 무렵에 서울 계시던 부모님 형편도 어려워서 서울에서 살기 힘드시면 인천으로 내려오시라고 한 상태라 집안을 꾸려가야 했어요. 내려오시라고 했다고 내가 돌보고 모시고 살고 그런 건 아니에요. 그냥 스스로 알아서 잘 사시라고 했지. (웃음) 그 후로 분식집은 어머니께서 맡아서 꾸려가셨어요. 우유배달을 먼저 시작한 친구가 장소익이어서 장소익하고 같이 했어요. 첫째는 보통 우유 먹여 키웠는데 둘째는 신선한 파스퇴르 우유를 먹여 키워서 그런지 잔병치레도 덜하다고 웃기도 했었어요. 우유배달은 구십육(1996)년까지 한 7년여 간 했어요.

당시 인문연은 동암에, 십정동 넘어가는 언덕배기에 있었어요. 이때는 월급 같은 건 없었고 활동할 의지가 있으면 활동하는 거예요. 약간의 활동비를 후원받거나 지원받거나 부정기적으로 쨀끔 있었어요. 다 자체적으로 활동비를 마련해야죠. 나는 우유배달해서 그걸로 충당한 거죠. 이 무렵에 우유배달에 쓰는 오토바이를 늘 타고 다녀서 배달 오토바이 탄 제 모습을 기억하고 있는 사람들도 있을 것 같아요.

월급이란 것이 생긴 것은 민주노총 결성하고 나서였는데, 그때도 한계치가 3명이었어요. 60만원씩 3명, 총무부장, 조직국장, 교육선전국장. 그런데 유급직을 두고 나니까 더 이상 간사를 둘 수가 없었죠. 지역 역량의 물리적 한계인 거죠.

문화부장이 하는 가장 중요한 일은 집회를 기획하는 거예요. 집회가 많잖아요. 집회를 기획하면, 집회 순서가 처음에 길놀이서부터 노래패, 풍물패, 율동패 막 조직을 해야 되잖아요. 그 조직을 하려면 평소 활동을 잘하도록 문화패 관리도 해야 하고요. 그 관리는 현장의 문화부장이 했어요. 문화부

장이 있는 것은 한국의 노조에만 있는 독특한 현상인데 그때 다 생긴 거예요. 민주노조면 문화부장이 다 있던 거죠. 그래서 문화부장 모임을 하면 굉장히 많은 사업장이 참가했었어요. 그때는 문화부장 모임으로 연대를 했고 초창기에는 지역의 문화단체로는 인문연만 있었을 때였으니까요. 나중에 인문연이 대중사업부하고 분리되고 활동을 거의 정리하게 될 즈음에 '노래패 선언' 결성되고 지역에서는 '문예일꾼 일터' 같은 문예단체들도 생겨나서 내가 문화부장으로서 매년 임투(임금인상투쟁) 때, 이건 항상 준비해야 되는 시기가 정해져 있으니까요. 임투 때 노동조합에서 준비하고 조합원들의 요망을 모으기 위한 과정으로 '임투문화교실'을 열었어요. '임투문화교실'에서는 각 장르별로 교육프로그램을 잡고 강사, 단체별로 다 참여하게 해요, 그때는 정파를 초월해서 다 참여해서 역할을 분담하죠. 지역의 문예 역량들을 조직하고, 관리하고, 지원하는 일을 했어요. 중앙에도 이런 역할로 참여하고요. 전국의 문예일꾼 수련회 같은 걸 꾸리게 되면 지노협(지역노동조합협의회) 문화부장이 지역은 맡아서 연락하고 조직해서 같이 갔지요.

그리고 오래 활동하는 문화패들이 생기니까 대우중공업 노둣다리, 아남 풍물패, 노래패, 율동패, 이런 패들이 일정한 역할을 갖게 되었고 이것이 나중에는 문화패 연석회의로 꾸려져서 노조 문화부장도 참여하고 문화패장도 참여했고 나중에는 문화단체도 참여해서 전국 문화담당자 연석회의 같은 것도 운영되었어요.

1988년에 인노협이 만들어지고 그해 가을에 제 1회 해방가요제가 시작되었어요. 이것이 인천 노동문화제의 시작이라고 할 수 있어요. 이때는 아마 신재걸 대표가 했을 거예요. 나는 구십(1990)년 지나서 들어간 거니까요. 내가 2회인가 3회 때부터 했어요. 문화제 안에 여러 가지, 멀티프로그램을 꾸린 것은 나중 일이고 처음에는 해방가요제 하나 꾸리는 거, 그것이 제일 컸죠. 초반에는 인노협 가을문화제라고도 하고요.

그때 인노협의 1년을 보면 2월에는 임투문화교실, 임투문화학교, 임단투(임금에 관한 단체 투쟁) 딱 준비해서 끝나고 나면 여름대잔치, 여름대잔치 준비해서 잘 놀다 와서는 가을문화제, 겨울에는 수련회. 이런 일정이 한 해의 일정이었어요.

물론 거의 일주일에 몇 건씩 집회가 있었고 거기에 문화패 공연이나 문화행사가 다 들어갔었으니까 그런 준비는 상시적

인 것이었고요. 집회 준비는 굉장히 디테일해야 해요. 예를 들어 검찰청 앞에서 항의 집회를 한다고 해봅시다. 이 공간에서 발생할 수 없는 변수를 고려해서 물량을 준비해야 해요. 누가 동 뜨고 누가 부딪치고 누가 잡히면 누가 대타 나오고……. 이런 것까지 염두에 두어야 하니까요. 부서 모임에서 이런 일정을 공유하고 사업을 공유하고, 그리고 이번 현장에서는 어느 패가 지원을 할 수 있냐를 따져서 준비하고 인노협 내에서 얘기해서 말을 맞추고 결정하고 준비하고……. 이런 과정이 지노협에서 계속 있어왔던 거고 그런 과정을 통해서 훈련이 되었던 거죠. 노동자는 노동자들대로 조직 훈련, 민주주의 훈련이 되어간 거고 활동가들은 활동가들대로 그런 기반에서 미래와 사회 전체에 대한 생각을 계속할 수 있었던 거죠.

구체적으로는 겨울에 문화패 수련회를 가잖아요. 노래패

는 노래패대로 풍물패는 풍물패대로 장르별 단위들이 수련회를 가는데, 기본조직은 공장별로 되어 있지만 수련회나 집회에서 함께 활동했던 것을 토대로 해서 '철의노동자' 같은 연합노래패가 자발적으로 꾸려지기도 하잖아요.

여름대잔치 때는 해수욕장 잡아서 3박4일, 2박3일 동안 버스 대절부터 대동놀이, 폭죽놀이까지 다 준비해서 갔지요. 그때는 정말 못할 게 없겠더라고요. 폭죽 하나만 하더라도 해수욕장에 가서 근처 구멍가게에서 파는 폭죽은 티도 안 나잖아요. 그래서 좀 폼나는 것을 찾아서 동대문까지 가서 문방구 도매점 같은 데를 뒤져서 규모 있는 것, 분수 불꽃, 로켓이 높이 올라가는 것 같은 걸 사다가 재놓고 "요번에는 뭔가를 보여주리라!" 이러면서 스케일 키우고 줄다리기의 줄이나 음향 스피커 같은 것까지도 우리가 다 관리해야 했어요. 스피커 200kg짜리 2개 준비하고 그거 사용하는 엔지니어 역할도 다 알아서 해야 했어요. 완전히 퍼펙트맨(perfect man)이어야 했다니까요. 또 예산이나 뭐나 좀 부족해도 일단 머리 들이밀고 그러면 통하는 것이 있어서 "너니까 한다. 그냥 해준다." 뭐 이런 점도 있었죠.

서노협(서울지역노동조합협의회)하고 같이 계획해서 안면도 꽃지 해수욕장으로 갔었죠. 거기서 썸씽(something)도 많이 일어났고요. 노동자들이 사업장 단위별로 다 참여하고 그랬으니까요. 한 300~400명씩 갔으니 버스로만 보아도 어마어마하죠. 가다가 길이 막히고 정체되는 상황이어도 계속 노래 부르고 놀면서 정말 해방구 같은 분위기, 느낌이었죠. 강원도쪽으로는 강원유스호스텔에 묵으면서 낙산해수욕장에서도 하고 삼척에 근덕해수욕장으로 간 적도 있고……. 매년 했죠, 매년.

팔칠(1987)년 투쟁의 역사적 성과가 이어진 거죠. 노태우가 되기는 했어도 계속 요구해서 청문회도 시작되고 사회적 분위기가 '잘못하면 이렇게 된다.'고 하는 것도 있었고 그러다가 김영삼으로 넘어가서는, 야매이긴 하지만 어쨌든 민간진영으로 대통령이 넘어간 것은 발전이니까 사회적 분위기도 변화에 대해서 일정한 심리적 수긍이 있었어요. 그때 전노협이나 이런 활동들도 계속 확대해 나가고 탄압이 계속되어도 버텨낼 수 있는 에너지를 팔칠팔팔(1987~1988) 투쟁에서 축적했다고 할 수 있죠. 그리고 전노협 각 지역에서 중소노조 단위들이 꾸린 민주노조 협의체지만 그 활동 덕분에 대공장들도 영향을 받고 업종도 영향을 받고 하면서 이것이 민주노총 꾸리는 기반이 되고 덕분에 조직주체들이 성장해 간 거죠. 그건 알아야죠.

4. 두 번의 투옥, 두 번의 해고

구십오(1995)년에 민주노총이 만들어질 때, 인천에서는 민주노총이 선명한 자기 정체성을 갖고 시작할 수 있도록 지역 단위에서 '선봉노조단 사업'을 하게 돼요. 조직력과 일정한 규모가 되는 대략 18개 정도 되는 노조가 선봉노조로서 임투에서 투쟁을 선도해 나가기로 하고 그 전 겨울부터 교육도 하고 미리 준비를 해서 그걸 기반으로 민주노총을 만들어내는 과정까지 준비하게 돼요.

내가 민주노총의 조직국장을 맡으면서 조직사업과 문화국 사업과 정치국 사업과 조사통계사업 등 역할을 다 포괄해서 맡았어요. 이런 역할 이전부터 그러니까 민주노총이 만들어지기 전, 선봉노조 사업부터 나는 개인적으로 미래의 운동, 정치권력에 대한 문제를 계속 고민하고 있었기 때문에 정당을 만들어내는 것, 이를 위한 계획과 활동이 계속 있어야 한다고 생각했어요. 개인적으로는 '노동자 중심의 진보정당 추진위원회'라고 하는 지역의 한 정파 조직의 일원으로서 멤버십을 갖고 활동했어요. 내가 민주노동당이 인천 지역의 조직 단위를 만드는 데 노조 조직 책임자였기 때문에 그 사업도 많이 했어요.

이 무렵에 두 번이나 투옥되는데, 한 번은 선봉노조단 사업의 일부였고 또 한 번이 '노동자 중심의 진보정당추진위원회' 때문이었어요.

선봉노조단 사업 마무리할 무렵에, 그때는 민주노총이 만

들어진 다음이에요. 부평 4공단에 대한마이크로전자라는 회사가 있었어요. 공장에서 노조위원장이 탄압을 받는 상황이 었어요. 이것이 민주노총 만들어지고 첫 번째 투쟁이었어요. 그래서 '이것은 한 전형으로 만들어야 한다. 민주노총 사업장을 건드리면 어떻게 되는지를 보여주는 사례여야 한다.' 싶었어요. 그래서 역량을 다 붙인 거예요. '노동이 아름다운 세상' 애들부터 선봉노조 소속 문화패들 다 해서 대한마이크로전자 있는 곳, 부평 4공단 사거리에 천막을 꾸려가지고 거기서 계속 농성하면서 매일 집회하고 퇴근하면 가서 모이는 것을 끊기지 않게 준비했어요. 전날 밤에는 밤새 대본 짜고요. 집회 담당자가 기획해서 해야 하잖아요.

그런데 거기 가서 집회하면 무허가집회, 불법집회라고 부평경찰서에 잡혀가고 그러면 부평서에서 하룻밤 자고 나오고 이런 식으로 반복되는 중이었는데, 자세히는 모르지만 짐작되기로는 지역 정보과 차원에서 누굴 잡아야 하나, 이걸 주동하는 누군가를 잡아야 한다는 판단이 있었던 거 아닐까 싶어요. 지역 단체 중에 한 명, 노조에서 한 명 본보기를 삼은 것 같아요.

지역 단체에 해협(해고자복직협의회) 인가? 전해투(전국민주노동조합총연맹 해고자복직투쟁특별위원회)가 있고 인천에는 인해투라고 있었단 말이죠. 그 의장이 조광호라는 분이었는데, 그 분하고 내가 찍혀갖고 빵(교도소)에 갔어요. 부평서에서 안 내보내 주더라고요. 다른 사람들은 다 내보내 주는데. 그리고는 검찰이 기소해서 인천구치소로 넘어가서 한 달 정도 살았어요. 구십육(1996)년 10월 경이었어요. 그리고 2주인가 3주 지나서 노진추(노동자 중심의 진보정당추진위원회) 건으로 다시 구속이 되었어요. 이것도 추정이긴 하지만 민주노총 조직국장으로 들어갔었으니까 그것을 검찰에서 정보로 갖고 있다가 노진추를 치는 데 사용한 것이 아닐까 생각해요.

한 40여 명 들어갔는데, 인천에서는 인천 노진추 대표, 사무국장, 나 이렇게 셋이 실형을 받았어요. 사실 나도 실형을 받을 일은 아니었어요. 노진추를 만들고 운영하고 조직한 단체 대표와 사무국장이 있으니까. 그런데 대한마이크로전자 건도 있고 해서인지 재판부에서 인정을 안하더라고요.

국가보안법으로 기소된 거라 최후진술 때, 국가보안법의 모순에 대해 다 정리를 해서 장문의 연설을 쫙 때렸죠. 최후진술에서는 대부분 '선처를 바란다.'는 취지로 말을 해요. 그런데 나는 못 견디겠더라고요. 한 달을 준비했어요. 그 안에서 '교정일지'라고 노트를 살 수가 있어요. 거기에다 최후진술문 원고를 써가지고 대본 외우듯이, 어떤 상황에서도 탁 튀어나올 수 있게, 준비를 했어요. 재판정에 가서 보니까 지원 오고 후원하는데, 열도 받았지만 그런 상황에서 국가보안법 철폐 이야기를 해야 할 거 아니야. 구호 외치면서 드세게 굴었죠.

준비한 최후진술도 하고요. 판사 합의부였는데 인상을 팍팍 쓰더니 "조봉호 2년 실형!" 그래서 "국가보안법 철폐!" 구호 또 외치고. 보니까 우리 마누라가 고개를 숙이면서 "어후~" 하더라고.

그때 박원순이 쓴 『국가보안법 연구』 1, 2, 3을 꼼꼼히 다 봤어요. 빵에서 있는 건 시간밖에 없는데요, 뭐. 우리 사건하고 유사한 사건이 너무 많더라고요. 국가보안법이라는 게 결국은 마음 속에 생각만 갖고 있어도 범죄라는 것인데, 마음 속으로 '저 사람 죽이고 싶다.' 생각만 해도 형을 살아야 한다는 거잖아요. 그건 말도 안 된다고 생각을 했고 더구나 북한을 이롭게 하는 이적행위라는 것도 말이 안 되잖아요. 그래서 '나는 북한에 대해서 굉장히 비판적 의식을 가지고 있는데 왜 자꾸 북한을 추종하고, 북한을 이롭게 했다는, 왜 이런 걸 붙여갖고 빵(교도소)에 살게 만드냐.'고도 했죠.

내 지금 생각은 그래요, 그렇게 했기 때문에, 자존감이 남아 있어갖고 그 지난한 세월을 버텨온 게 아니었나. 내 후배들한테도 그렇고 격의 없이 얘기하고 마주 대할 수 있는 것도 그런 것의 힘이었던 것 같아요. 교도소에서는 잘 지냈어요. 정신없이 몰아치다가 오히려 좀 쉴 수 있었죠. 평소 같으면 엄두도 못내던 대하소설 같은 것도 읽고 공부도 하고요.

그보다 빵에 있을 때, 아버지께서 돌아가셨어요. 실은 들어가기 한 1년여 전에 아버지가 집을 나가셨다가 못 돌아오셨어요. 치매셔서 집을 못 찾고 길을 잃으신 거예요. 그래서 아버지 상황을 정리해가지고 유인물로 만들어서 뿌리고 다니고,

치매 환자들이 집에 못 돌아왔을 때 있을 법한 시설을 찾아 보고 있었는데, 결국은 못 찾고 빵(교도소)에 들어왔던 거죠.

재판을 1심, 2심 받고, 대법까지 갔어요. 대법 가지 말라고 했는데 마음대로 그만둘 수도 없잖아요. 흔적은 명확히 남겨놔야지. 대법원에서도. 그래서 대법원까지 가서 기각 받고 군산교도소로 내려와서 복역할 때, 1997년이에요. 아버지 돌아가셨다는 소식이 왔어요. 보라매 병원에서 관리하는 시설에 계셨던 거예요. 찾을 수 있었을 것 같은데 그걸 못 찾고……. 내가 들어와 있으니까…….

우리 김 선생(부인 김복희)이랑 나 아는 지인들이랑 해가지고 나올 수 있는 가능성을 두고 방법을 다 찾아봤겠지요. 어디를 통해서 들어왔는지 모르지만 변호사, 검사 해서 서른 한 대여섯 가지가 돼요. 그런 노력을 한 것이 고맙죠. 장례기간에 형집행정지를 받아서 장례식에 참석했어요. 내 처지가 그런데도 많이들 오셔서 위로가 되었어요. 아버지 상황이 참, 기구하잖아요. 덕분에 잘 정리하고 장례 마치고 다시 들어갔지요.

장례 치르는 중에도 정말 고마운 일이 많았어요. 그렇게 형집행정지를 받아서 나오면 형사들이 항상 공동수행을 해야 해요. 내가 어디에 있든 양 옆에 팔짱끼고 붙어 있어야 한다는 거죠. 그런데 친구들이 대신 맡아가지고 술대접도 하고 마누라랑 밖에서 2년 만에 만난다고 "아이고, 너네들 둘이 시간 좀 가져라."하고 자리를 만들어 주려고도 하고……. (웃음)

여기서 중요한 것이 내가 빵(교도소)에 있던 1년 6개월이라는 기간 동안 지역의 사업을 누가 했느냐예요. 노조에서는 우리 민주노총 지역본부에서 교선을 담당했던 한선주 국장이 있어서 문화부 모임을 그 친구가 꾸려서 관리했어요. 금속이 주요 사업장이었기 때문에 금속의 양학용 부장이 같이 참여했고 단체로는 문화부 연석회의가 있었으니까 문화패들도 있고 문화단체 '노동이 아름다운 세상'하고 같이 일을 많이 했어요.

그때 한창 구륙구칠(96·97, 1996~1997 총파업)이라 정말 파업이 많았고 오래 했어요. 겨울 내내 동인천에 모여서……. 빵(교도소)에서 그 소식을 다 들었어요. 아무 것도 안 하고 편하게 '오늘은 뭐 했냐? 오늘은 뭐 했냐?' 이렇게 묻기만 하면서. 그때 아주 큰 경험들을 했지. 직접 자기들이 다 관리하고 했으니까. 그 힘으로 그 이후의 일들을 다 했겠죠. 사람 하나 없다고 와해되는 게 아니라 필요한 일을 감당하면서 큰 경험을 하고 성장을 한 것이 중요하죠.

구십팔(1998)년 초에 삼월 달에 특사로 나왔어요. 2년 중에 1년 6개월이 지나는 시점이어서 대상이 될 수 있었어요. 나와서 바로 민주노총에 복귀를 했어요. 그런데 당시 민주노총 인천지역 본부장이 대우자동차의 이은구 위원장이었을 텐데, 내가 잘린 거예요. 내가 들은 뉘앙스로는 과격하다는 얘기였어요.

지역 단체에서도 그렇고 노조 쪽에서도 그렇고 문제가 컸죠. 대우자동차 노조위원장이면서 본부장을 하게 된 케이스였는데, 밖에 나와가지고 일 처리를 그렇게 하니까 대우자동차에 막 조사 나오고 그랬었어요. 그때 민노회(민주노동운동동지회) 김일섭이가 왔었는데 와서 '도대체 어떻게 된 거냐.' 묻고 또 지역의 다른 노조에서도 와서 하라는 건 안하고 사람부터 자르고 그런다고. 그런 과정을 거쳐서 노조위원장들의 의견이 모여서 전달이 되고 그 의견을 받아들이는 모양새로 다시 활동을 했어요. 그때는 조직국이라는 이름은 빼고 문화국장으로요.

그게 구십팔(1998)년이었어요. 그때 거리공연을 했었어요. 아이엠에프(IMF) 이후 문화국 사업으로 '매일 거리 공연을 정기적이고, 항상적으로, 일정한 규모를 갖고 준비해서, 진행하자.'는 거였죠. 동인천역 앞에서 '노동이 아름다운 세상' 동지들이 나한테 쿠사리(くさり, 면박·핀잔) 먹어가며 정말 열심히 했어요. 이때 목표가 IMF가 왜 오게 됐는지. 노동자들이 어떤 고통을 당하고 있는지. 이후에 어떻게 해야 하는지, 질문하고 문제를 제기하는 거였어요. 그때 내가 빨간색 마티즈를 몰았었는데, 그거 참, 훌륭한 짐차였어요. 막 이고 지고 다 그냥, 그때 안 해본 것도 많이 해보고 가수들도 다 오고, 여러 활동을 결합해서 했죠.

그런데 이 무렵이 여러 가지 어려운 점들, 갈등, 상처 같은 것이 드러나면서 문제제기도 많았던 시기예요. 그 전에 활동을 하면서 생긴 것들이 당시에 터지지 못하고 이후의 활동 속에 내내 있다가 조금씩 조금씩 드러나기 시작하죠. 초기 민주노총 인천본부가 출범할 때의 집행부와 사업 체계, 사업 기풍, 이런 게 달라지고 집행부도 바뀌고 했으니까요. 거기에 새로

운 문제들을 접하게 되고 사람도 달라지고 채워지고.

또 탄압 양상도 마찬가지로 바뀌었어요. 신자유주의에 의한, IMF 이후에 신자유주의로 다른 모양으로 탄압이 들어오고 하니까. 그거에 따라 노조 운동의 여러 모순들이 여기저기서 드러나게 된 거고요. 다 그렇게 연관이 되어 있다고 봐요.

내가 민주노총 일을 그만두게 되는 계기가 있어요. 집행부로 염성태 전 대우중공업 위원장이 본부장으로 들어오게 되는데, 선거를 할 때 나는 그전에 민주노총에서 사무처장을 했던 경동산업의 박선태 사무처장이 위원장이 되어야 한다고 생각했었어요. 하지만 선거 결과, 염성태 위원장이 됐고, 되고 난 다음에 그때까지 지역노조협의회 내지는 민주노총 지역본부가 가졌던 관행, 활동가와 노조 간의 위상에서 있으면 안 되는, 한 번도 없었던 일들이 벌어지게 되는 거죠.

당선되고 나서 '당신이랑 같이 못하겠으니. 그만둬라.'하고 먼저 모두 사표를 내라고 했던 거예요. 그럴 수도 있겠죠. 그런데 그 과정이나, 절차나, 이런 것들이 이전에는 보지 못하던 것이었어요. 활동가들이 자기의 생각을 가지고 활동을 하는데, 노조 운동의 원칙을 위배하거나 이랬다면 그걸 가지고 문제 삼을 수 있겠으나, 가지고 있는 생각이 다르다고 해서 당신이랑은 못하겠다고 자르고 그렇게 하면 되느냐. 민주노총은 '총연합'이잖아요. 노동조합의 연합조직체는 협의회든 연합이든 하나의 생각과 하나의 조직으로 돼 있는 게 아닌데, 어떻게 일방적으로 일괄 해고를 할 수 있느냐. 이런 지시를 나는 못 받아들이겠어서 농성 투쟁을 시작하죠.

민주노총 사무실 바닥에서, 각 산별 조직들이 있는 그 한 가운데서 1년을 했어요. 농성하는 사람은 나 혼자였지만 우리 문화패 또 연석회의 동지들이 같이 와서 하면서 그 홀을 지지와 격려 대자보 내지는 유인물을 온통 다 붙여놓고서. 눈엣가시 같았을 거라는 생각이 들어요. 마음이 편치 않았을 거 아니에요? 나는 그런 지시가 관행이 되면 안 된다고 생각했고 조직 내 민주주의 제고를 위해서도 좌시해서는 안 된다고 생각했기 때문에 조용히 정리할 수는 없었어요.

그러다 1년을 마무리 짓는 연말 연초 때, 그게 다 철거당하는 걸 계기로 해서 정리를 했어요. 어차피 정리할 생각이긴 했지만 모양은 누군가 새벽 야심한 시각에 침탈해서, 다 철거한 것으로 정리가 되고 말았지요.

흔히 정치력이라고 얘기하죠. 그런 것들을 요구 받으면서 정리해내는 게 능력이고 정치력인데, 어찌할지 수를 못 찾아서 그렇게 했던 것 같아요. 하지만 참……. 그래서 '아, 이제 정리하자.' 싶어서 정리했어요. 구십(1990)년부터 2000년 초까지 10여 년 노조활동이 그렇게 정리가 된 거예요.

농성하면서 시간이 그렇게 있으니 생각을 하게 되잖아요. 그동안 어떤 활동을 했구나하고 생각들이 되짚어질 거 아니에요. 민주노총에 더 오래 있으면 나 스스로 권위적이고 다른 모양새로 변할 수 있는 여지도 없다고 할 수 없기 때문에 정리를 한 거죠. 난 자연스럽게 됐던 것 같아요,

그러던 차에 신재걸 대표가 노문센터(노동문화정책정보센터)를 그만 둔다네요. 노문센터가 '일상의 모든 것과 싸워라.'라

는 슬로건을 내걸고 있었지만 이게 디테일(detail)하게 삶 속에 들어가 해야 할 과제들이 굉장히 많은데, 그걸 해낼 역량이 사실 별로 없었죠. 다만 문제의식을 갖고 있는 사람들이 시작을 해야 할 것이니까 같이 했던 거였고요. 그래서 자임을 했죠. '내가 해도 괜찮냐?' 그랬더니 괜찮다고 해서 그 다음부터 내가 그걸 맡았어요. 노문센터가 5년 활동했는데, 내가 3년을 했어요. 아, 월급 한 푼을 못 받았네요. 처음 열 때는 거기서 활동하는 사람에 대한 생계가 기본만이라도 보장이 안 되면 활동을 할 수가 없으니까 이를 조달하는 생각과 계획이 있었는데 현실에서는 그게 쉽지 않았어요.

5. 기욱이를 보내고 인천을 떠나

그렇게 노문센터에 가 있을 때, 2002년에 김기욱 장례위원회에서 실무적인 집행을 내가 맡아했지요. 장례위원회 위원장은 전재환이었던 걸로 기억나요. 공동위원장으로 염성태를 세웠고요. 이를 탐탁치 않게 생각하는 사람도 적지 않았지만 '기욱이를 그렇게 반쪼가리로 보내고 싶지 않다.'는 말을 다들 이해하고 동의했어요.

지역에서 여러 번 장례를 치렀어요. 오래 전 인노협 때, 진흥정밀화학에서 사고가 나서 7명 죽었을 때도 그렇고, 영창악기 배동복도 그렇고……. 이들의 삶과 활동이 공식적으로 인정받는 구조를 만들어야죠. 그래서 영창악기 배동복 장례 때는 현장에 들어가서 싹 뒤집어서 돌았어요. 배동복이라고 하는 노동자가 어떤 사람이었고 무엇을 했다는 걸 노동조합 현장 안에서 다 했다고요. 그런데 기욱이 때, 대우중공업은 문 앞에까지밖에 못 갔어요. 현장 안에는 못 들어가고……. 진입 투쟁을 해서 그런 걸 깨나갔어야 되는 건데, 미리 다 얘기가 되었다고 정문 앞에서 그냥…….

어쨌든 그렇게 노동자가 인정받고 다 쳐다보게 만들어야지, 누구를 배제할 수는 없어요. 누가 싫어서 빼자는 거는 감정적으로는 그럴 수 있지만 감정으로 할 수는 없지요. 장례는 어쨌든 우리 모양대로, 기욱이가 가는데 편한 모양으로 꾸리자고 컨셉을 잡아서 진행을 했으니까 노둣다리 동지들도 그렇고 중공업의 활동가들도 그건 이해를 했어요.

그 즈음에 민주노총 인천지역본부하고 지역 문화패 사이에 의견 대립이 있는 것은 피할 수 없는 일이었죠. 내가 농성하고 있을 때는 염성태 본부장이 문화패하고 무슨 사업을 같이 했겠어요? 하지만 어느 하나의 사안 때문에 의견이 대립돼서 상대를 인정하지 않는 현상이 발생한 게 아니에요. 문화패와 문화활동가들은 오래 전부터 계속 지역에서 투쟁 활동과 같이 하면서 성장을 해왔단 말이죠. 성장을 해오는 과정에서 민주노총 집행부가 문화패를 대하는 태도가, 집행부가 바뀔 때마다 달라지기 시작하고, 또 어떤 사안을 거치면서 또다시 의견이 달라지고…….

집행부 쪽에서도 믿기지가 않는 거죠. '재네들은 우리 편이 아니야. 문화패는 우리 편이 아닌 거야.' 이렇게 생각이 들고 그런 일이 하나 둘 일어나게 되면, 문화패 쪽에서는 집행부가 고깝게 보이고 그렇지 않기가 또 쉽지 않은 거죠. 그런 게 하나, 하나에서 두 개, 세 개씩 쌓이면서 의견이 대립되는 형태로 나타나고, 인정을 안 하니까 몰상식한 일들이 벌어지게 되는 거죠. 급기야는 집회하는데 중간에 앰프가 내려진다든가.

그러니 문화패도 스스로 연석회의 꾸려가지고 자체 회의 진행하고 운영하고 했죠. 우호적인 부서장이 있었으면 얘기를 했을는지는 모르지만 어쨌든 자체적으로 운영하는 과정을 거쳤고 문화제도 워낙은 집행부에서 자기들의 사업으로 생각하고 꾸리려고 계획을 세우고 진행했을 테지만 문화패는 그런 문화제를 받아들일 수가 없었을 것이고. 그러니 독자적인 문화제를 기획해서 준비하는데 그러면 조직 주체를 어떻게 할 것인가? 여기에 진정 노동자들이 자기들의 문화제로 꾸려내는 문화제로 만들자. 그동안 인천노동문화제에 같이 했던 동지들을 꾸려서 조직위원회를 만들자는 데 이르러서 인천노동문화제 조직위원회를 결성하게 된 거죠.

2004, 2005년 이후는 잘 몰라요. 그보다 일단 내가 노문센터로 간 이상. 그때부터는 인천에 있는 사람이 아닌 거죠. 인천 활동가가 아닌 거예요. 이미 서울의 한 단체…….

나는 활동을 지역에 국한하는 것에 대해서 '어떻게 해야 된다.' 이런 전제를 갖고 있지는 않았어요. 오랫동안 인천이라는 현장에서 활동을 했는데 정말 후회도 있을 거고, 좀 더 못한 부분도 있긴 하지만 열심히 잘했잖아요. 잘은 못 했더라도 열심히 활동을 했잖아. 그 자체가 내 스스로에게, 눈치 보면

서 할 걸 안 하고 괜히 정치적으로 굴고 이랬다면 후회가 많이 남았겠지만 그러지 않았고요. 사람들 대할 때나 어떤 사업을 같이 모색할 때나, 꾸려갈 때나, 뒤처리까지. 정말 집회 현장 뒤에 휴지, 쓰레기 치우고 정리하는 것까지 다 같이 했었기 때문에 미련이 없죠. '잘 활동했다.' 이런 생각을 갖기 때문에 정신 건강에 괜찮아요. 갖다 댈 역량을 다 갖다 대고 했는데 못 하는 거는 뭐 어떻게 해요. 그거는 우리 한계가 있는 건데. 다음에 또 모색을 하면 되는 거고. 그런 걸 넘어서면서 큰 일을 꾸려나가는 거죠.

나이를 먹고 요즘 정치 꼬라지를 보니까 그때 당시에 이런 상황이었으면 '난 정말 정치를 본격적으로 이렇게 해야 되겠다.'는 생각도 했겠다 싶어요. 그때는 정치권에서 나타나는 갈등이 민중들의 삶에 영향을 끼치는 것이 이렇게까지 뚜렷하지는 않았다고 봐야 되나? 어쨌든 노동자들의 정치력도 미력했고요. 민주노동당이라고 하는 실험도 대중적으로 확장해 나가지 못하는 상태에서 점점 왜소화되었고. 다시 젊은 시절에 이런 과제를 받는다면 그런 생각은 좀 했겠다 싶어요. 하지만 이제 내가 할 일은 아니고요.

오늘 하라는 얘기는 다했어요.

이주현

영원한 노동자,
그 자부심과 믿음에 대하여

1. 인천에 오기까지

내가 대전이 고향이에요. 예전에는 '신도안'이라고 했는데 지금은 '계룡대'가 들어서 있어요. 거기가 우리 집안 원적지예요. 그래서 지금은 큰집은 공주 정안으로, 선산은 탄천으로 옮겨갔어요. 태어나서 고등학교 때까지는 고향에 있다가 고등학교 졸업하면서 객지생활을 시작해서 지금까지 40년입니다.

고등학교 들어갈 때, 중학교 때부터 '군대를 어떻게 안 가면 안 되나.' 희한하게 그런 생각을 좀 많이 했어요. 집안형편도 그렇고요. 그래서 기계공고로 진학했어요. 공부를 잘한 건 아니지만 우리가 진학할 무렵에는 우리 충남기계공고가 인문계보다 커트라인이 높았어요. 우리 학교 떨어진 친구들이 인문계에 진학하기도 했죠. 군대를 안 가려니 자격증이 필요해서 학교 다니면서 자격증도 하나 땄고 방위산업체로 취업하려고 했던 거예요.

고등학교 나와서 학교에서 추천해주는 사업장을 가다 보니까 대우중공업에 들어갔어요. 1982년 11월부터 한 달 동안 실습을 하고 집에 와 있다가 다시 취업을 했어요. 처음 실습 나간 데는 수원하고 안양 사이에 부곡이라는 데가 있어요. 동네로는 의왕인데 공식 명칭은 안양공장이에요. 지금은 현대로템으로 바뀌었는데 거기에 대우중공업 안양공장이 있었거든요. 팔십삼(1983)년 졸업하고 5월에 대우중공업 안양공장에 입사해갖고 한 4~5년 있다가 팔칠(1987)년 대투쟁 막 일어날 때, 그때 조금 활동을, 활동은 아니고 앞에서 깃발 들고, 플래카드 들고 했더니, 일이 떨어지니까 사람을 내보내기 시작하는 거죠. 그때 인천으로 왔죠.

그때 입사할 수 있었던 것은 대우중공업이 서울지하철 3, 4호선 공사를 수주하는 바람에 사람이 엄청나게 필요했어요.

그때 입사했던 친구들, 고등학교 졸업하고 실습을 나왔던 친구들이 201명인가 그랬어요. 그중 107명이 안양공장으로 갔었죠. 중간중간 그만두는 사람도 있고 딴 데 갈 사람은 가고 인천으로도 오고, 많이 흩어졌죠.

그 무렵 기본적으로 민주노조는 있었어요. 거기가 인천하고 4개 지부가 있었거든요. 인천, 영등포, 안양, 창원. 이렇게 네 군데에 있다 보니까 인천에서 교섭을 하고 나서 우리까지 오는데 속도가 느려요. 임단협할 때, 소식이 느리고 막 그러니까, 팔칠(1987)년 대투쟁 때일 거에요, 아마. 스크럼 짜고 회사 공장도 막 돌고 그랬거든요.

당시는 유니온샵(union shop)이었어요. 지금 생각해보면 무조건은 아니고 자율이긴 한데 기본적으로 회사도 인정했던 것 같아요. 내 기억에는. 그때는 오픈샵(open shop), 유니온샵 구분도 사실 잘 못했어요. 자동으로 가입되는 것으로 알고 있었죠. 지금이나 확실하니까 회사 애들이 가입해도 되고 안 해도 되고 이런 식으로 애기를 해주니까 가입을 안 하는 경우가 있지만요. 유니온샵이라고 민주노조인 것도 아니에요. 내가 거기 회사에서 한 달 정직 당했을 때만 해도 완전히 어용이었다가 그 이후로 조금 민주파가 들어섰어요.

아. 별 걸 내가 다 애기했네요. 정직 당한 것은, 오순부, 그때 당시에는 얼굴도 모르던 오순부 선배 선전물 작업하느라고요. 팔십오(1985)년도인가 보다. 팔십육(1986)년도 쯤에 잘려서 이쪽으로 왔으니까요.

오순부라는 분은 노조 활동 등등 여러 가지 했던 선배인데, 지금은 그 분도 지팡이 짚고 다닌다고 하더라고요. 주안 쪽 어디에서. 오순부 선배는 대우중공업에서는 꽤 알아주죠. 그 분이 해고당하고 자기 명예를 살리겠다고 회사 앞에다가 천막치고 싸움도 엄청 많이 했어요. 회사랑 어떻게 합의했는지 모르지만 명예퇴직하다시피 나왔어요. 인천 판에서는 유명한 사람이에요.

어쩌다 그런 일을 하게 되었나? 내 작업스타일이 어떤 일이 주어지면 그 일을 얼른 먼저 열심히 다하는 거예요. 그리고 나서 각 공장으로 친구들도 보러 다니고 놀러 다니는 거죠. 이런 게 눈에 띄고 눈 밖에 날 정도가 된 거예요. 그때는 일을 어떻게 해야 하는지도 잘 몰랐어요. 그러다 보니 찍혔죠. 어떤 애들은 내내 커피 마시면서 팽팽 놀다가 중간 관리자 올 때쯤 일을 딱 해요. 그런 애들은 괜찮죠. 어쨌든 내가 그렇게 일을 하다 보니 찍혀서 호봉 같은 게 있었는데, 그걸 잘 못 받는 거예요. 잘 안 주니까. 기본호봉 외에 3개, 4개씩 있는데 불만이 쌓여갔던 거죠. 그래서 나도 모르게 조합 활동 같은 데 관심을 갖고 시작하게 되었어요. 학습도 조금 하고요.

학습모임은 점조직처럼 있었어요. 몇 명 집어서 책도 좀 보고 토론도 좀 하고요. 그때 같이했던 친구가 오순부 선배 홍

보물을 받아서 나에게도 나눠주었어요. 나는 또 그걸 다른 친구들에게 나눠주고. 그러니까 내가 중간책이 되어버린 거예요. 이게 걸린 건데 '회사 잘렸구나.' 생각했죠. 방위 받으러 갈 뻔했어요. 다행히 그 친구 작은아버지가 대우중공업 재무이사인가, 임원급이었어요. 그래서 얘가 안 잘리고 덕분에 나도 안 잘렸어요. 그 친구가 정직 3개월 받고 나는 한 달 받고 밑에 있는 다섯 명인가는 견책 내지 경고를 받고 마무리되었어요. 한 달 지나서 다시 회사 다니는데 일이 떨어지니까 사람들을 창원으로, 안산으로 보내더라고요. 그때 나도 인천으로 온 거예요.

그때 학습 소모임이란 것은 모일 때, 대놓고 어디라고 얘기를 할 수는 없었어요. A, B, C, D 이런 식으로 미리 장소를 정해서 '오늘은 C야!' 그러면 그쪽으로 모이고 그런 식이었어요. 지금처럼 체계적인 학습 모임은 아니지만 회사에 그런 모임이 있었어요.

문화활동 같은 것은 전혀 없었어요. 생각도 못했고요. 노래는 인천 와서 한참 있다가 팔십구(1989)년도인가? 그때서야 노래에 관심을 가졌던 거예요. 그전에는 카세트테이프(cassette tape) 같은 것으로 몰래 노동가요를 듣는 거죠.

우리는 3교대가 없었어요. 내가 일하는 데는 2교대였고 3주에 한 번씩 전환했죠. 라인 형태로 돼 있는 데가 주로 2교대, 3교대 하는 거죠. 안양공장 같은 경우는 기차 만드는 공장이라 덩치가 크니까……. 제관 1차 생산 라인 같은 데는 주·야간하고 나머지는 거의 안 그랬어요.

8시에 업무 시작, 4시 50분 퇴근인데, 그렇게 하면 돈이 안 돼요. 3시간 기본으로 잔업을 시켜요. 잔업을 해야 해요. 철야도 하고요. 그때는 돈이 워낙 적으니까 철야도 하루 건너 하는 데도 있었어요. 우리도 한 달에 서너 번은 했어요. 특근을.

그렇게 일해서 받은 것이, 내 기억에는, 12만 5천원, 13만 원이 채 안 되었던 것 같아요. 대공장이라 많은 거예요.

팔십삼(1983)년도에 잔업이 60시간이에요. 그게 문제죠. 잔업은 1.5배로 주니까 그만큼 되었던 거고요. 아마 잔업을 안 하면 한 8, 9만원? 7, 8만원? 그 정도밖에 안 되었겠죠.

그렇게 벌어도 다 맞춰 살았어요. 나는 3만원인가 재형저축도 들기는 했어요. 처음 한 1년 정도는 집으로 보냈는데, 안 되겠더라고요. 내가 관리하겠다고 했는데, 관리가 되나? 술값으로 다 나가고. 기껏 3만원짜리 재형저축 3년 든 거 외에는

저축도 별로 못했어요. 팔칠(1987)년 대투쟁 이후로 임금이 조금 올랐죠.

인천에 와서는 업무가 달라졌어요. 안양공장에서는 전장반이라고 해갖고 냉난방 콘트롤(control)하는 판넬(panel)을 꾸미는 일을 했어요. 여기 와서는 설비보전 일을 하고 기계 고치는 일을 하고 그랬죠. 거기가 분사(分社)가 되면서 설비개선부라는 데 근무했었어요. 그런데 그게 각 사업부 별로 '따로 설비개선부서, 설비 조를 가져라.'하는 바람에 그 부서가 공중에 붕 떴어요. 한 15일 동안 대기했죠. 나는 나름대로 일을 잘 한다고 생각하는데 걔들은 별로 마음에 안 들었는가 봐요. 한 15일 대기하다가 지금 일하는 데로 왔죠.

중간에 안양공장에서 사람을 뽑긴 했는데 갔다가 일 떨어지면 또 쫓겨날 거 같은 느낌이었어요. 못 가겠더라고요. 회사라는 것은 일거리가 많아야 사람을 뽑지, 정기적으로 정한 숫자를 뽑지 않거든요. 가고는 싶었어요. 처음 일했던 데라 고향 같고 해서. 거기는 인천에 비하면 분위기도 상당히 좋았어요. 가족 같고. 그런데도 안 가고 지금까지 버텼어요. 왜냐하면 인천은 지금은 분사되었지만 산차, 지게차 만드는 공장이 있고 엔진 만드는 공장, 굴삭기 만드는 공장도 있고요. 공장이 여러 개 있으니까 '여기 일이 없으면 잘려도 저쪽으로 가지 않겠냐.' 그런 생각이 들더라고요.

조합원 신분은 같은 조합이니까 유지하고 있었어요. 하지만 한 달 동안 정직 받을 때, 사람들한테 "뭐지?" 쉽게 보면 질렸다고 하나? 왜냐면 5명이 했는데 나만 빼고는 이미 다 불은 거예요. 어떻게 어떻게 했다고. 회사애들이 마지막으로 나한테 와서 불라는데, 나는 '아니다. 절대 근거 없다. 어떤 놈이 그러냐. 데리고 와라.' 그랬더니 나중에 정직 3개월 맞은 그 친구 놈이 와서 "야. 다 불었어. 너도 불어 그냥. 응? 미안하다고 해." 그러더라고. 하아~ 그때 완전히 멘탈(mental)이라고 해요? 멘탈이 뿅 갔죠. 배신감에 속으로 다짐했죠. '야, 조합 활동이 이런 건가 보다. 이제 하지 말아야지.'

그래서 인천에 와서도 한동안 아무 것도 안 했어요. 의식은 있었죠. 뭐냐면 회사와는 하나가 될 수 없고 기본적으로 노동자와 자본은 하나가 될 수 없다는 거. 노래 가사도 있듯이 절대 하나가 될 수 없다. 그런 생각을 하니까 의식은 있었지만, 앞에 나서지는 않고 그냥 조용히 있었어요. 그런데 어떻게 알게 모르게 다 아는 건지. 살살살 사람들이 오더라고요. 자연스럽게 조합활동을 하게 되었어요.

2. 노래패 '노둣다리'

그때 문화패로는 몇 년도인지 모르지만 풍물패가 이미 있었고 풍물패에서 내부적으로, '풍물패 하나 갖고는 안 된다. 문화패를 여러 개를 만들자. 이것저것 만들자.' 했어요. 그래서 문학 모임도 만들고 노래패도 만들고 율동패도 만들고……. 풍물패 있던 사람들 중에서 사람을 뽑아서 노래패를 만들자는 이야기가 막 나오는 중이었어요. 그때 나는 일꾼교

회(일꾼도시산업선교회)에 가서 풍물 기초는 배운 상태였어요. 그래도 풍물패에 들어가지는 않은 상태였지만요.

팔십팔(1988)년도에 회사에서 산재 사고가 났어요. 사람이 굴삭기에 깔려 죽은 거예요. 이종진 씨라고. 이름을 대도 되나 모르겠네요. 그래서 '산재니까 추모제를 지내자.' 고 했죠. '그러면 노래를 해야 될 거 아니냐.' 그래서 노래패가 아주 급속도로 만들어지기 시작해요. 내가 최도은 씨를, 대의원 하면서인가? 최도은 씨가 우리 회사에 대의원대회인가 할 때, 와서 노래했던 것 같아요. 그래서 연락처를 받았나 해서 그걸 알려줬던가 싶어요. 최도은 씨를 강사로 해서 노래패가 만들어졌어요. 최도은 씨가 '노래선언'할 때였어요. 그러다가 나중에는 동혁(손동혁)이가 하고요. 또 그 뒤에는 승미(황승미)가 하고요.

나는 처음에는 노래패에 안 들어갔어요. 나중에 보니까 수련회도 가고 '노둣다리'라고 노래패 이름도 만들고 했더라고요. 내가 노래패에 들어간 건 1년은 지나서 나중이에요. 처음에는 대여섯 명? 일곱 명? 그때 있었던 사람이 여섯 명. 김기욱하고 허창구, 그 다음에 윤재근이라고 있었고 엔진에 김철수 씨라고 있었고. 강원덕 형은 조금 나중에 들어왔고요. 중간에 들어왔다 나갔다 하면서 계속 사람이 바뀌었고 그러면서 나도 들어가고 강원덕 형도 들어오고 그렇게 된 거죠. 추모제가 팔십구(1989년), 그때 처음 나도 노래를 했던 것 같아요. 잔디 구장에서 할 때. '어두운 죽음의 시대 내 친구는 가고~~' 〈친구2〉, 그 노래를 급하게 배워서. 그 후부터 노래패 활동을 한 것 같아요.

노래패를 본격적으로 하면서는 도은이가 강사를 하면서 우리를 노래 문선대로 계속 집어넣었어요. 우리는 그런 생각도 없었는데. 어느 날, 서울 집회에 가야 한다고 그러더라고요. 전태일 19주기인가? 아니 구십(1990) 년도인가, 구십일(1991) 년도인가 그때쯤일 거예요. 고려대. 노동자대회를 그때 처음 갔어요. 금요일 밤인가에 저 수원 옆에 성균관대로 모이라는 거예요. 그래서 거길 갔죠. 그랬더니 노래를 막 가르치는 거예요. 뭣도 모르고 막 배워서 쉽게 보면 문선 연습을 한 거죠. 노래 가사가 금방 들어와? 안 들어오죠. 그냥 따라 몇 번 부르고, 근데 거기서 노래하고 서울로 올라가는 거예요. 짝을 지어줘요. 남자, 여자 짝을 지어줘. 그때만 해도 서슬 퍼럴 때니까요. '너 서울 왜 왔냐?' 이러면 '놀러 왔다.' 이렇게 하라고 할 말도 미리 알려주고요.

서울을 가는데 지리를 알아야죠? 누군가를 따라가고 있었어요. 어느 학교 후문으로 들어가는데 사수대 애들이 막 쇠파이프 들고 바닥을 막 두드리면서 '여기까지 오느라 고생했다.'고 '빨리 들어가라.'고 환영해주고. 노래는 합동으로 했죠. 인천 지역에 각 단위 별로, 사업장 별로 노래패가 여러 군데

있었어요. 그 여러 군데가 같이 노래 문선 연습을 했어요. 그 때 동일레나운이라고 거기도 노래패가 있었던 걸로 기억나요.

그때 공연을 노동자대회 전야제에서도 하고 문선대회에서도 했어요. 전야제 하고 그 다음 날 본 대회 문선하고. 그때 날씨 진짜 추웠어요. 그때는 문선 경험이 없으니까 옷을 티셔츠 하나 입고 파카 입고 갔어요. 그런데 "윗도리 벗어." 그러잖아요. 그리고 티셔츠를 줬나? 단체 티 하나 주어서 입고요. 나는 다음 날 기절했잖아요. 막 계단 위로 쫙 올라서서 뛰고 가운데 순서로 연사가 나와서 하고 끝나서 사람들이 다 나갔어요. 그때 고생했다고 우유를 찬 걸 하나 줬어요. 긴장이 확 풀린 상태에서 그 찬 거를 먹으니까 몸이 막 까라지더라고요. 나중에 깨보니까. 어디 학생회관이더라고요. 그때 그 학교에 한 2만 명 넘게 모였대요. '야, 이 노동자들이 이렇게 많구나.'

라는 생각이 들었어요.

이 느낌, 생각이, 나한테는 큰 힘이었어요. 노래 문선을 뛸 때마다, 공연을 할 때마다 보면 '아, 나랑 같이 하는 사람이 많구나.' 싶었거든요. 그게 항상 가슴 속에 와 닿았죠. 예전에는 "뿅 맞았다."고 표현을 했어요. 한 번 할 때마다 마치 뽕 맞은 것 같은 느낌이 드는 거예요. 그리고 '야, 사람이 이렇게 많구나.' 자부심도 들고요. 그리고 또 '더 해야 되는구나.' 그런 사명감도 느끼죠.

근데 문선 뛰러 다니다 보면 내 시간이 없으니까 그런 건 좀 불만이랄까. 내 시간을 비워야 하는데 마누라는 '필요할 때 당신이 없었다. 당신은 맨날 뭐가 좋아서 서울로, 부산으로 막 뛰냐.'고 넋두리할 때는 기분이 좀 그렇죠. 마누라가 아주 반대하는 것은 아니었거든요. 해야 한다는 거 알면서도 볼멘소리를 하는 건데……. 그래도 어쨌든 그럴 때가 제일 좋았던 것 같아요. 남들 앞에서 쫙 바라보면서 노래하고 그런 것이 좋았고 가끔 또 TV에도 나오잖아요. 카메라가 와서 잠깐 1초 2초 3초 지나갈 때, "어! 우리 나왔네!" 하잖아요. 뒤풀이하다가 우연히 TV 보면. 그때 좋았죠, 뭐.

여튼 그때부터 조합 활동이라고 맨날 문선 뛰러 다니고 직업이 됐지요. 직업 운동권처럼 생겼었어요. 공연할 때, 내가 제일 좋아하는 노래는 〈영원한 노동자〉. 몇 차고 많이들 불렀어요. 제일 마음에 들어오는 것 같아요. 우리가 말 그대로 '영원한 노동자'잖아요. 예전에는 개천에서 용이 난다고 했지만 요즘 세상에서는 그럴 수 없는 분위기잖아요. 그 속에서 나는 영원히 노동자일 것이고 우리 자식도 그럴 것이고 계속 노동자의 삶을 이어갈 것이니까. 우리 '노둣다리'가 좋아하던 노래는 〈하늘〉, 김기욱 노래는 〈고백〉이죠. 맨날.

3. 김기욱 그리고

김기욱 만난 것도 얘기해줄까요? 너무 얘기를 많이 하면 안 되는데……. 나중에 잡혀갈라.

기욱이를 처음 만난 거는 인천공장을 와서 엔진블록, 주물 같은 거 만드는 소재본부라는 공장에서 일을 하면서예요. 얘는 기계 일을 하고 나는 전기 일을 했어요. 근데 같이 야간을 들어가는 거예요. 1차 산업이니까. 그러다가 아침에 나오면서 해장을 하잖아요. 밤새 하니까. 아침 겸해서 소주 한 잔 먹는

데, 어느 날 같이 아침을 먹게 됐어요. 자연스럽게 나오는 거예요. 그때 당시만 해도 김기욱은 놀자판이었어요. 술 좋아하고 친구들 만나는 거 좋아하고 조합활동에는 전혀 관심이 없었어요. 지금으로 따지면 국민의힘 같은 계열이에요.

아침 먹으며 같이 이 얘기 저 얘기 막 한두 시간 이상을 해요. 그런데 결론이 안 나요. '그래 알았어. 넌 네 생각대로 살아, 새꺄. 난 내 생각대로 살게.' 그리고 헤어졌어요. 그렇게 얘기를 해도 결론이 안 나니까 그러고 말았는데, 어느 날 얘가 조합에 관심을 막 갖기 시작하더라고요. 그리고 조합활동을 시작한 거예요.

그리고 많이 어울려 다녔어요. 처음 나 만났을 때 기욱이는 개고기 같은 것도 안 먹었어요. 먹으러 가자고 했더니 한 번도 안 먹어봤다고 해서 한 번 먹어보라고도 했죠. 그 후로는 되게 잘 먹었어요. 요리도 잘하고요. 놀러 가면 백숙도 하고 별 거 다했죠. 음식만이 아니라 주로 궂은일을 많이 했어요.

엄밀히 따져보면 기욱이를 내가 꼬신 거예요. 그래서 나중에 죽었을 때 그런 생각을 했어요. 내가 쟤를 꼬시지 않고 놔뒀으면, 조합활동을 시키지 않았으면 이렇게 되지 않았지 않았을까.

이 새끼가 간암인가 뭐로 죽었는데 병원을 안 다녀요. 회사에서 하는 종합검진도 한 번도 안 받았어요. 자기는 병원 가면 죽는다고 스스로 말을 할 정도로 몸을 함부로 했어요. 술은 술대로 먹고 맨날……. 나도 그런 편이지만 나는 기욱이 못 따라가요.

노래패에서도 김기욱이하고 되게 친하게 지냈어요. 거의 아삼륙*처럼 지냈으니까. 기욱이가 노래패를 하니까 나도 해봐야 되나 하는 고민도 사실은 좀 했죠. 나는 노래를 못했어요. 노래패 들어올 때, '노래가 좋은 사람! 노래 못해도 좋다, 좋은 사람만 들어와라.' 해서 모집했거든요. 막상 들어오면 노래만 하는 게 아니고 문선대 투사로 키워내니까. 말이 투사지, 싸움꾼으로 만들어야 되니까. 떼창은 잘하잖아요. 독창은 더럽게 못 해. 나도 못하지만 진짜 독창 못 해요, 다들. 근데 떼창으로 들어보면 조금 맞아요. [웃음] 그러니까 그래도 노래팬가 보다, 그런 생각을 하죠.

독창이 좀 되었던 사람이, 강원덕? 개별로도 연습을 하니까 뭐랄까? 자기 분위기에 맞게 노래를 하긴 해요. 썩 잘하는 건 아니지만 그래도 들어줄 만하잖아요. 자기 연습이 중요하죠. 내가 했던 독창 부분은 〈청계천 8가〉 일부하고 〈영원한 노동자〉 중간 부분……. 떼창이 최고죠.

우리 임단협이 엊그저께 끝났는데, 지금도 노동가요 틀면 그 옛날 노래가 여전히 나오잖아요. 그러니까 관심도 없는 조합원들이 그래요. "야, 저 노래가 언제적 노래인데 지금도 나오냐." 한편으로는 "야, 참, 왜 안 변할까?"하는 생각이 드는 거죠. 그렇게 담아낼 수밖에 없는 현실이, 노래 가사가 지금이나, 그 옛날이나 똑같으니까 바꿔낼 수가 없는 거더라고요.

---

* 마작 용어, 짝을 맞추는 골패 중 쌍진아, 쌍장삼, 쌍준륙 세 쌍의 끝글자를 합한 것이다. 쌍비연이라고 하여 끗수를 세 곱으로 친다. 여기에서 비롯된 말로, 서로 꼭 맞는 짝을 비유적으로 이른다. 떼려야 뗄 수 없는 아주 가까운 사이를 의미한다.

'흩어지면 죽는다. 흔들려도 우린 죽는다.'가 여전히 딱 맞잖아요.

연습하고 모임은 주로 조합에서 했어요. 우리 쪽에서 집행부를 하면 조합에서 하고 우리 쪽이 아니다 하면 도시산업선교회에서도 만났고요. 노조가 우리가 봤을 때 어용인 경우도 있어서……. 옛날 염성태를 어용이라 했었는데 염성태나 그쪽이 할 때는 조합을, 빌려달라고 하면 빌려줬겠지만 우리가 싫으니까 거기서 안 하고 밖에 나와서 하고 그랬죠. 염성태 씨가 위원장을 꽤 오래 했죠. 완전 어용이라 탄압하고 그런 건 아니지만, 좌우지간 우리는 싫어했어요. 어찌 됐든 우리가 생각할 때는 음, 글쎄……. 이거 나중에 염성태한테 맞아 죽을 거 같은데? 그때 봉호 형도 다리 작살나고 그랬댔잖아요. 잘려갔고. 그러니까 싫어하는 거예요. 쉽게 보면 민주당하고 국민의힘하고 똑같은 놈들 같은데, '내가 하면 달라.' 이런 식인 거죠. 민주노총 여러 정파 중에서는 좀 보수적인 편이었어요. 그러니까 우리가 보기에는 '저거 어용 아니냐!' 싶었죠. 이런 생각이 오해인지는 모르겠지만요.

그때 연대 활동도 많이 했어요. 인천지역 노래패연합 '철의 노동자' 하기 전에도 연대 활동하고 투쟁 사업장 있으면 막 노래도 해주고 규찰도 서주고. 그때는 기본적으로 노래도 배우고 학습도 하고 했으니까요, 도은(최도은)이가 주로 많이 했었고 동혁이(손동혁)하고 계속 이어 오면서 하던 일을 계속했으니까요. 수련회도 가고 투쟁 사업장 있으면 지원 나가고 노래할 일 있으면 노래해주고…….

‘철의노동자’는 연합노래패예요. 아남전기, 영창악기, 한라중공업 지금은 목포 있는 삼호중공업이요, 그리고 호윤이 있던 서흥이 있었고 형광등 만드는 신광이라는 데도 있었어요. 시작은 지역을 고민하면서부터예요. 구십오(1995)년 구십육(1996)년에 지역 얘기를 하기 시작했거든요. 산별 얘기하면서 지역을 중심으로 좀 다른 방식의 네트워크 고민했었어요. 그런 맥락에서 지역 얘기를 했을 수 있어요. 당시에 우리는 사업장 별로 노래 문선을 맨날 다니니까, 다니면서 자연스럽게 어울리게 되고 그래서 합쳐서 해보자고 했죠. 동혁이나 봉호 형이 아마 의견을 냈을 거예요. 아남의 황귀영이가 대표하고요. 초반에, 사람이 많을 때는 많았어요.

기욱이 있을 때까지는 노둣다리 이름으로 활동을 했어요. 구십구(1999)년에 10주년 공연을 했죠. 노둣다리 10년 공연

할 때는 백서도 발간하고 〈멋진 날〉이라고 영화도 찍었어요. 그리고 2001년에 기욱이 투병할 때, 이때가 거의 끝물이에요. 노둣다리가 말하자면 '철의노동자' 핵심이었는데, 우리가 나서질 않으니 철의노동자도 자연스럽게 소멸되다시피 했어요, 사실은. '철의노동자'는 그 전에도 한 서너 번 같이 공연을 했으니까 구십육, 칠(1996~1997)년도 이때쯤 생겼나? 그런 것 같아요.

4. 언젠가는 희망이

앞에 잠깐 얘기했지만 노둣다리를 하면서는 가족모임도 같이 하고 그랬어요. 그 제안은 내가 했어요. 조합활동을 하려면 마누라들이 알아야 된다. 그러지 않고 나 혼자 하다 보면 마누라랑 불협화음이 생긴다. 그러니 마누라들도 껴주자. 그래서 마누라들도 들어오게 됐고 같이 수련회도 가고 공연도 하고 그랬죠.

김기욱하고 강원덕하고 허창구하고 노래패를 할 때인데, 걔네는 간부를 했었어요. 나는 간부가 아니었고. 근데 나는 기욱이하고 같은 집에 살았고 강원덕은 그 근처에 살았어요. 그러니 신랑들이 맨날 뭐 서울로 집회 간다고 밖으로 싸돌으니까 마누라들이 저녁에 할 게 없잖아요. 그래서 내가 우리 마누라하고 가서 술도 한 잔씩 같이 먹고 그랬어요. 그래서 와이프들하고 친해졌고 조합활동하려면 와이프들이 알아야 하고 같이 어울려야 한다는 생각이 들었던 거죠.

특별한 건 아니었어요. 큰 사건 같은 것도 없었고요. 수련회를 가든가, 공연을 하면 와이프들이 든든한 지원군이 되니까 뒤풀이 가도 걱정이 안 되죠. 제일 중요한 건 그거예요. 우리가 뭘 하는 거에 있어서 반대를 안 하니까 그런 게 좋고, 집안이 돌아가는 사정을 와이프들끼리도 공유를 하니까 애로사항이 없는 거죠.

나는 구십(1990)년도에, 결혼을 먼저 한 게 아니고, 결혼 못 했어요. 형이 결혼을 늦게 했거든요. 한 2년쯤 연애를 하는 중이었는데, 마누라 보고 "나 자취를 오래 해서 이제 당신하고 결혼하고 싶은데, 집안이 이러니까 살림부터 하자." 그랬더니 동의했어요. 그래 기욱이네 집에 세를 얻어서 신혼살림부터 시작했던 거예요. 처음에는 나는 도시산업선교회 그 위쪽에서 자취하고 기욱이는 집이 회사 앞에 있어서 따로 살고 있었는데, 나중에는 같은 집에 살았던 거죠.

마누라를 만난 것은 회사 형님에게 소개를 받아서예요. 앞에 얘기한 소재본부 일을 할 때는 1년 열두 달 전기로를 끌 수가 없어요. 주물을 만드는 공장이다 보니까 쇳물 녹이는 용광로를 1년 내내 못 끄는 거예요. 껐다 켜는 데 돈이 엄청나게 들어간대요. 그래서 안 끄고 계속 생산을 하는 거죠. 그러다 12월 말일에 딱 한 번 꺼요. 이때를 이용해서 같이 일했던 사람들이 전부 모여서 회식을 하는 거예요. 용광로가 켜져 있는 동안에는 다 같이 모일 수가 없잖아요.

그런데 우리끼리 회식하는 것이 뭐하니까 아가씨 있으면

소개 좀 해 달라 그랬더니 다른 회사를 알아내서 같이 참석한 거예요. 그걸 주선한 형님이 춤추는 아저씨였어요. '빵빵이'라고도 했죠. 이 아저씨가 나이트클럽이라고 해야 하나? 춤추는 곳에서 춤추는 아줌마를 만나서 '우리 아가씨들 많아.' '우리 남자애들 많아, 총각들 많아.' 그래서 한 번 만나자고 했던 거죠. 단체 미팅 겸 회식이라고 할까요. 그때 내 앞에 앉아 있던 사람이 내 마누라예요. 2차를 갔는데, 술을 먹다 보니까 없더라고요. 그래서 어디 갔냐고 물었더니 갔대요. 그래서 갈 때 가더라도 간다고 얘기는 하고 가야 하는 거 아니냐. 작별을 해야 하니까 다시 만나게 해달라고 했죠. 작전이었죠. 당시에 와이프는 송림동 어디를 다니고 있었어요.

신포동에서 다시 만나기로 하고 내가 한 시간 반인가를 기다렸나? 위층에서 내려다보니까 밖에 있더라고요. 언제 들어오나 보고 있었는데 못 들어오고 계속 서 있더라고. 나중에 물어보니까 자기가 늦었더래요. 그래서 못 들어오고 서 있었다는 거예요. 그때는 전화 같은 게 없었잖아요. 만나면 같이 술 먹었어요. 술을 잘해요. 나하고 대작이 될 정도였어요. 보통 1차는 경양식집 가서 칼질 한 번 하고 맥주 한 잔 하고 2차로 술 먹으러 가고 3차는 국일관 많이 갔어요. 지금은 없어졌지요. 없는 살림에 술을 실컷 먹고 다녔어요.

나중에 살림할 때도, 술 먹을 거니까 술상 봐 놓으라고 하고는 내가 철야를 하게 되었나 해서 못 들어갔어요. 그랬더니 와이프가 성질이 나니까 술을 혼자 먹은 거예요. 그리고 크게 탈이 났어요. 그후부터는 술을 잘 못 먹더라고요. 지금도 먹기는 먹어도 많이 못 먹어요. 안 먹는 거기도 하고.

우리 마누라는 지금도 거의 맡기는 스타일이에요. 뭘 한다고 그러면 "해!" 그러죠. '하지 마'는 잘 안하는 거 같아요. "당신이 이길 수 있는 만큼 해." 이거예요. 내가 집에서 반주 먹을 때도 대부분 마누라들은 술 먹지 말라고 하잖아요. 우리 마누라는 "술 먹어." 그래요. "딸내미 데려다 줘야 되는데?" 하면 "내가 데려다 줄게. 먹어." 그럴 정도로 마음을 편하게 해주죠. 집에서 반주 자주 하는 편인데 마누라 말은 '당신이 이길 수 있는 만큼 먹어라.' 이거예요.

지금은 요양보호사 자격증을 따갖고 요양원도 다녔었고 연일학교라고 장애인특수학교가 있어요. 거기 아이들 픽업해주는 거 있어요. 통학버스가 가면 애들 태워주고 내려주고 하는 거. 장애인 활동 보조지요. 그 일을 해요. 실제 일하는 건 아침에 한두 시간인데 대기 시간이 길더라고요. 어떤 때는 집에

와서 쉬다가 애들 하교할 때 되면 데려다주러 또 가고 그래요.

미안한 게 많지요. 우리 애가 아플 때였는데, 병원을 가야 하는데 내가 없었던 거예요. 서울 올라가서 1박2일하고 앉아 있는 거죠. 근처에 큰동서가 사셔서, 큰동서 불러갖고 병원을 갔대요. 그래서 나만 보면 맨날 그러죠. "필요할 때 당신이 항상 없었다."고. 미안하죠.

그래도 내 인생 돌아보며 제일 잘한 건 우리 마누라 만난 일이에요. 나같이 못생긴 놈을 데리고 살아줘서 고맙고 늘 믿어주고 지지해주고……. 그런 사람이 있다는 것이 정말 감사해요. 그래서 후회가 없는 것 같고요.

그 10년 동안 어려운 일도 많았지만 내가 했던 활동이 뭔가 밀알이라고 할까요? 조금이라도 뭔가 영향을 미치지 않았겠냐. 하다못해 집회하는데 문선을 했으니까 거기에 말 그대로 선동 식으로라도 설득도 좀 되지 않았겠냐. 그런 생각을 하죠. 뭐 얼마나 도움이 됐겠어요. 했어 봐야 티도 안 나죠. 워낙 하는 사람이 많아서. 그렇지만 내 활동이 무언가 나쁜 일로 귀결되지는 않았을 거예요.

말하자면 언젠가는 돌아온다, 희망을 가지라는 이야기를 하고 싶은 거죠. 예를 들어 세월호를 겪은 아줌마들은 이제 투사가 됐어요. 해외로 떠난 사람, 나 몰라라 하는 사람들이 있겠지만, 세월호를 겪은 사람은 투사가 됐고요, 저 이태원 참사를 겪은 사람들도 투사가 되고요. 김용균 어머니 같은 분은 제 2의 이소선 어머니잖아요. 아무 관심도 없다가 아들이 저렇게 돼버리니까 딱 투사가 돼버리는 거예요. 이 세상은 어떤 충격을 주지 않으면 안 변해요. 사람은 말로 백날해도 소용없어요. 아까 이야기했던 김기욱 변하듯이, 말하고 듣던 것이 평소 머릿속에 있다가 뭔가를 느낄 때, 확 변하는 거라 생각해요.

한 번엔 안 되지만 또, 한 번 의식을 가진 사람은 확 변하진 않거든요. 뭔가 갖고 있다면 다른 사람이 또 서서히 변할 거고 변해가고는 있다. 다만 그게 눈에 확 띄지 않을 뿐이다. 그렇게 생각해요. 촛불 혁명 같은 시기가 또 올 거예요. 그 시기가 언제쯤일지는 잘 모르겠지만 그 시기는 반드시 와요. 그때 가서 어떻게 우리들의 세상을 만들 것인지 고민을 해야 한다고 생각해요. 좀 요원하긴 하지만요.

백승수

후련한 풍물로
답답한 세상을 헤치며

1. YMCA 고등부 풍물패에서

고향은 서울입니다. 노량진수산시장 맞은편에 학원가 골목 위로 조금만 올라가면 바로 있어요. 삼형제 중에 장남입니다. 원래는 누이가 한 분 있었는데 어렸을 때 죽어가지고 부모님께서 다시 딸내미를 보고 싶으셔서 쭉 낳으신 것이 아들만 내리 셋이 되었답니다. 고생하셨죠. 제 동창 중에는 저하고 갑장인데, 반대로 아들래미를 못 봐서 계속 딸을 아홉을 낳으시고 제 친구를 막내로 낳은 경우도 있었죠. 누이가 위로 아홉 명이에요. (웃음) 요즘에도 초등학교 동창회를 가끔 합니다.

아버지는 조그만 마찌꼬바 기계공 하시다가 연세 드셔서는 경비도 하시고 어머니도 맞벌이로 안 해본 일이 없으시죠. 보험도 하시고 회사 식당 같은 데서도 일하시고……. 학교 다닐 때 그런 기억이 좀 있습니다. 부천으로 오신 후에는 생계 문제가 더 복잡해졌던 것 같아요. 팔십(1985)년도에, 초등학교

졸업하고 중학교 입학하던 해에 부천으로 이사하면서 전학을 왔어요. 중고등학교는 부천에서, 북중(부천북중학교), 부천공고(부천공업고등학교) 졸업했습니다.

실업계를 다니면 보통 실습을 나가잖아요. 구십(1990)년도 하반기에 남동공단 생긴 지 얼마 안 되었을 때인데, 남동공단에 도장하는 회사로 실습 나갔었습니다. 그 회사가 당시 대우자동차 하청업체로 부품 도장하는 업체였습니다. 학교에서 전공은 건축이어서 학교 다닐 때는 설계도 하고 시멘트도 바르고 목공도 했었는데, 직장 들어갈 때는 전혀 엉뚱한 데로 빠진 거죠.

어렸을 때는 조용한 스타일이었어요. 고등학교 때는 한창 전교조(전국교직원노동조합) 초창기, 팔십칠(1987)년, 팔십팔(1988)년이라 YMCA 고등부 서클(circle)에서 활동하면서 풍물도 배웠어요. 'YMCA 풍물패는 빨갱이 애들!'하고 선생님들한테 많이 찍혀 있었죠. 그럼에도 불구하고 학교 축제할 때는 공연도 했고요. 팔십팔(1988)년 부천YMCA 간사가 인천교대(현 경인교육대학교) 출신 선생님들이었어요. 나중에 안 거지만 거기가 활동하는 사람들의 본거지였어요. 거기에서 학교 선후배들도 많이 사귀었어요. 아직도 만나죠.

학교에 전교조 선생님도 몇 분 계셨어요. 국어선생님하고 또 몇 사람 학생들이 동조해서 같이 '으쌰 으쌰'하다가 잘릴 뻔한 일도 있습니다. 다행히 그 선생님께서는 해직되지는 않으셨는데, 학교 교지를 만드셨어요. 저도 거기에 들어갔는데, 선배들이 '어떻게 어떻게 한 번 해볼래?' 해서 '으쌰 으쌰' 한 번 했다가 징계위(징계위원회)에 올라갔던 적이 있습니다. 거기서 특별히 세미나 같은 것은 안 했지만 책 만들고 글 쓰고 그런 일을 좀 해봤죠. 그 이후로, 고등학교 졸업을 한 이후로, 글쓰기는 거의 손도 안 대고 있습니다.

졸업하면서 바로 회사에 들어갔죠. 전문대에 합격하기는 했는데 엄마한테 떨어졌다고 하고 안 갔습니다. 집안 형편이 어려운 것이 제일 문제였지만 제 스스로가 보는 눈이 딱 그만큼이었으니까 '일이나 해야겠다!' 싶었습니다.

구십일(1991)년도 2월 졸업하고 3월 달부터 여기 부평구 일신동에, 부천시와 경계에 있는 회사인데 신광표라고 형광등 만드는 회사에 들어갔어요. 조금 다니다가 군대 입대했는데, 제대하고 와보니, 그 회사가 아산으로 이전을 했어요. 거기가 송내역 옆에 인천대공원 쪽으로 빠지는 외곽도로가 딱 들어온 위치였거든요. 그래서 아산으로 내려가서 복직하고 일하다가 1년 뒤에 올라왔습니다.

군대 가느라 휴직계를 냈던 건데, 6개월 이상 다녀야 퇴직금이 나오니까 복귀해서 한 1년 더 다닌 거죠. 그 다음 해에는 알바 같은 거 하면서 지냈는데 구륙구칠(1996~1997) 노개투(노동법개악저지투쟁) 싸움이 터졌어요. 그때는 회사를 다니고 있는 것은 아니었지만 알바하면서 풍물패 모임을 주로 많이 하고 있었어요. 노개투 끝나고 나서 영창악기를 구십칠(1997)년도 3월에 들어갔어요.

2. 풍물패 더늠에서

제가 더늠으로 보면 구십이(1992)년도에 처음 만들어지고 회원 모임이 있었는데 그 초창기 멤버예요. 구십이(1992)년도 군대 가기 전에 신광기업 다닐 때요. 학교 다닐 때부터 YMCA 풍물패였으니까요. 신광표 회사에 들어갔을 때, 학교 선배, 운동권 선배들이 거기에 있었어요.

거기가 전노협(전국노동자협의회) 산하, 인노협(인천지역노동조합협의회) 산하 사업장이었는데, 인노협 가을문화제를 첫 번째로 했던 그 사업장이에요. 저는 그런 거는 모르고 선배들 때문에 들어갔다가 풍물패 모임도 거기서 시작한 상황이었죠. 자연스럽게 노조활동도 하고요. 그것이 당시 학교 졸업한 친구들의 전형적인 행보였죠. 멋모를 때, 선배들 따라서 돌아다니다가 같이 활동을 하던 시기입니다.

구십이(1992)년 더늠에 들어와서, 그 옛날 인문연(인천문화운동연합) 쪽 풍물분과 선배들한테 강습을 받았어요. 이제는 더늠에 오래된 고문이시죠. 조성돈 선배, 저기 한라중공업 전 위원장이랑 결혼한 이혜경 선배, 송동수(송성섭) 형님께도 많이 배웠죠. 그때는 더늠이 부평구청 옆에 조그마한 지하에 공간이 있었어요. 인문연 산하에서 풍물패가 따로 떨어져 나와서 거기에 공간을 두고 있었어요.

고등학교 때 선배들한테 배웠던 실력이라 엉망이고 잘은 못 쳤지만 그래도 장구 조금 쳐봤다고 잘 친다는 소리는 조금 들었었죠. 그 시절에 만났던 사업장 선배들은 옛날 대우자동차 아람 풍물패, 남일금속, 동흥전기 옛날 선배 등등이에요. 양회구 선배가 기억나고 꽤 많은 선배들과 같이 했었죠. 그때부터 같이 한 멤버로는 백광애 누님이 계세요.

인천에서, 수도권에서도 그렇지만 더늠은 안 되면 안 되는 조직이었죠. (웃음) 더늠이란 공간은 저에게 개인적으로 크고 중요한, 어떻게 보면 애증의 공간이라고 할 수도 있죠. 그래서 중간에 힘들 때는 잘 안 나오고, 1년에 겨우 한두 번 나오는 시기도 몇 년 있었어요. 개인적으로 조금 힘들 때였는데 관계로 보면 아주 중요하죠. 지금은 더늠 대표가 성창훈이라는 친구지만 그 전에 이찬영 동지가 하고 있을 때는 초창기에서부터 쭉 넘어오는 과정을 같이한 관계들이에요. 그래도 애정, 애증, 애정, 애증……. 하여튼 이런 것들이 있는 공간이고 집단이에요.

구십칠(1997)년에 영창악기에 들어가고 나서는 영창악기 풍물패를 하면서 더늠 회원이기도 해서 두 가지를 다 한 거죠. 1

년에 두 번 정도 회사 내부에서 공연하고, 주로 많이 했던 건 집회용으로 집회 때 풍물을 치는 것이었습니다.

지금 기억에 남는 것은 단위 사업장으로 남일금속이 그때 회사가 없어지기 직전, 막바지였는데 들어가서 같이 풍물 친 것이 기억이 하나 나요. 주로 메이데이(Mayday) 아니면 11월에 있는 전노대(전국노동자대회), 요런 것들이 기억이 나고요. 가을문화제라고 인천대, 인하대 돌아다니면서 같이 문화제 했던 기억도 좀 있어요.

다른 단위 사업장으로 연대 들어가서 풍물을 치는 일은 이때는 많지 않았어요. 좀 큰 집회 때 같이 모여서 풍물 치는 것 정도만 같이 했던 거로 기억이 돼요. 따지고 보면 저는 별로 많이 안 돌아다녔던 편이에요. 저는 구십삼(1993)년도 10월에 군대 갔다가 구십오(1995)년도 12월에 제대했고 아산 신광기업으로 복귀해서 거의 구십육(1996)년 후반기에 돌아왔기 때문에 이 시기의 상황은 잘 몰라요.

3. 영창악기 풍물패에서

노개투 싸움할 때 영창악기 노래패는 따로 나왔었어요. 그리고 대공장 풍물패라는 이름으로 영창악기 풍물패 어울림이 있었거든요. 그렇지만 제가 들어갔을 때는 이미 깨져 있었고 개인적으로 남은 사람들이 좀 있었어요. 제가 들어간 지 한 2년 만에 다시 만들었어요.

영창악기 풍물패로 활동을 하고 있었지만 영창피아노가, 목재산업이 지금도 마찬가지인데, 사양 산업이라서 그 당시부터 어려웠어요. 최대 조합원 수가 저 들어가기 전에 5,500명이라고 들었었고, 저 들어갔을 때는 노조 유인물에 조합원 수를 3,500명으로 집계했었어요. 그러다가 공장 하나 팔아먹고 또 공장 날리고 2년에 한 번씩은 꼬박꼬박 구조조정을 했던 것 같아요. 팔십(1980)년대 후반에 '중국에 공장 하나 설립한 게 가장 큰 문제였다.'고 얘기하기도 했고요. 저는 지금도 그렇게 믿고 있어요. 그러면서 십일(2011)년도 봄쯤에, 조합원이 한 100명 정도 남아 있었는데 다들 '더 이상 답이 안 나온다.'고 조합을 해산하죠. 지역에서도 이슈가 될 수도 있었는데 내부적으로 더 이상, 그렇게 수십 년 동안 구조조정하면서 끌고 온 것인데 별로 의미 없는 거 아니냐는 의견이 대세였어요. 안 좋게 얘기하면 다들 포기하는 상태라 조합을 해산한 거죠. 영창악기 풍물패는 그렇게 되기 전에 벌써 없어졌어요. 2000년인가 대우자동차 정리해고 싸움할 때까지만 해도 유지가 됐었는데 그 이후 2001년인가 봐요.

그때 있었던 풍물패로는 지금은 '고려'로 이름이 바뀌었지만 당시에는 '동흥전기' 풍물패가 있었고, 한양목재, 아남에도 남아 있었어요. 그런데 그 전후로 해서 풍물패들이 다 깨지기 시작했죠. 깨진 이유는 여러 가지인 것 같아요.

그때 제 고민으로는 같이 하다가 회사를 떠나신 분들이 있는데 어떻게 계속 만남을 이어가느냐 하는 것이었어요. 같이 있던 사람들이 '나갔더라도 같이 보자.'고 얘기를 했지만 잘 안 보시더라고요. 나가서 연락 끊긴 분들도 있고……. 계속 연락이 되는 분도 있긴 해요. 가게 하시는 분도 있고 돌아가신 분도 있고……. 어쩌다 구경 오시는 분도 있는데 구경은 오셔도 같이 하지는 않으려고 하시더라고요.

저는 좀 물어보고 싶어요. 그 심정이 어떤 거냐고. 그냥 다 꼴 보기가 그냥 싫은 건지, 아니면 이 풍물을 이제 그만 '안 하고 싶다.' 이것만 있는 건지, 같이 해왔던 사람들이 안 보고

싫은 건지. 나는 여러 가지가 다 있다고 생각을 하지만 돌이켜보면 기억 한쪽에서 '사람에 대한 문제도 조금 있지 않았을까.'라고 생각해요. 풍물패 같이 했던 여러 동지들이랑 나간 사람이 보기 싫은…….

회사를 그만 두더라도 풍물패를 그만두지는 않게 지역에서 받아 안든 했어야 했어요. 그런 작업이 필요한데, 얘기는 있었지만 제대로 잘 못했던 거죠. 저는 그렇게 생각해요. 2000년대 대자 싸움(대우자동차 정리해고 싸움) 이후로는 저도 기억들이 좀 없긴 해요. 그 이전에는 활동이 아주 풍성하게 있었거든요. 그런데 풍물패가 깨지고 사람들이 빠지고 이런 과정에서 부족한 일이 많았어요. 그나마 남아있는 곳 챙기느라 바빴기는 했지만요. 다른 문화패는 잘 모르겠고 풍물패로만 보면 거의 그래요.

2000년도 넘어서 근 10년? 개인적으로 보게 되면 10년 정도 됐는데, 지역 풍물패도 다 깨져서 없었어요. 저도 더늠 회원모임에도 7, 8년 동안 안 나가던 시기였어요, 민주노총(전국민주노동조합총연맹) 노조 풍물패들이 다 깨지고 혼자 남아 있었어요. 더늠 회원 모임에 나가긴 했으나 주로 지역에서 더늠 회원모임을 중심으로 공연하고 연대 사업으로 좀 나가기도 한 정도예요.

영창악기 조합이 해산된 후에 저는 당시 대우자동차 소속이었던 직업훈련소, 직훈이라고 하죠. 지엠(GM) 기술교육원에 들어갔다가 십이(2012)년도에 업체로 들어갔어요. 차체 용접하는 유경이라는 하청업체에요. 거기 들어가서 10년을 버티고 있다가 지금은 지엠 조립부서에서 완성차 조립하고 있어요. 2022년 5월에 정규직이 됐죠. 지금 소속은 한국지엠(GM) 부평공장이에요. 거기서 작년, 2022년 12월 중순에 창원으로 파견 내려갔습니다. 파견기간은 원래 2년인데, 회사나 노동조합 지부에 최근 몇 년 동안 정년 퇴직자가 많기 때문에 그 인원을 충당해야 해서 빨리 복귀시킨다고 합니다. 조기 복귀하게 되면 올 12월, 늦으면 내년 2024년 3월에 다시 돌아올 것 같습니다. 지금은 공장 기숙사에서 생활하고 있는데, 2인 1실이라 시커먼 남자 둘이 한 방에서 지내고 있습니다.

2000년대 초반까지는 젊은 회원도 많았고 노동 쪽에서 생각하는 사람도 많았어요. 그러다 십오(2015)년도 넘어서면서 지역에 모임 하나 만들자고 제안을 했던 동지들이 몇 사람이 있어요. 본부에서도 그렇고요. 십육(2016)년, 십칠(2017)년 이때쯤에 '버팀목' 사전 모임하면서 모임을 만들고 지금까지 쭉 지내온 거예요. 한 6, 7년 됐죠.

지금도 풍물은 세 가지를 하고 있어요. 지엠 풍물패하고 더늠하고 지역 모임하고. 한국지엠 풍물패는 이미 있던 곳인데 제가 나중에 들어간 케이스고요. 지역 모임 '버팀목'은 제가 만들었어요. 저하고 몇 사람이 같이 만들었고 지금 한 5년 됐습니다.

4. 전국노동자대회 중앙문화선전대에서

2007년 즈음, 이 시기가 노동자대회로 보면, 중앙으로 나가서 풍물 문선대장 연출을 맡으면서 주로 서울로 올라가던 시기가 딱 그 구간이에요. 인천에 신경을 별로 안 쓰고 있었던 거죠. 더늠 회원 모임도 2010년 지나서 조금 자주 나가기 시작한 거고요. 저 개인으로는 시기적으로 조금 다른 점이 있습니다.

전국노동자대회의 마지막 연출자가 수원 삶터의 이성호 형님이에요. 그 형님이 할 때, 제가 중앙문선대(중앙문화선전대) 대장으로 올라설 무렵인데. 전국적으로 풍물패가 다 망가져 있었어요. 그래서 학생 풍물패까지 동원했는데도 채 50명이 안 되는 상황이었어요. 그 후 딱 10년 동안 2017년 팔칠(1987)년 대투쟁 30주년 기념대회 전야제를 여의도에서 할 때까지 제

가 개인휴가 내고 돌아다니면서 조직을 했어요. 그래서 150명이 모였어요. 풍물패를 싹 모아가지고. 그리고 나니까 '여기까지가 내 역할이다.' 싶더라고요. 그 다음부터는 다른 분에게 다 넘기고 저는 참석만 하고 있습니다.

풍물패로 덩치가 좀 큰 동네가 인천, 광주, 울산이었어요. 지역별로 마창이나 부산이 있었고 대전권에서 현대차 아산 풍물패는 나중에 생겼어요. 지역사업 안 하던 동네였고요. 다 깨졌죠. 그나마 명맥을 유지하고 살아남아 있는 데는 전라도 광주 정도예요. 거기가 노풍연(노동자풍물연합회)으로 아직까지 수십 명이 모이고 있으니까요.

곡성도 같이 해서 거기에는 모든 업종 포함해서 지금도 모이고 있어요. 마창도 유지는 되고 있지만 규모가 많이 줄어들었고요. 거기도 한 번 내부 혼란을 겪은 걸로 알고 있지만 그래도 아직 자생하고 있어요. 울산은 자동차 풍물패, 지역 풍

물패 다 깨져서 지금 몇 사람 없고요. 그 후로 한동안이 풍물패의 공백기라고 할 만큼 어려웠어요. 그래서 노동자대회 대장으로 올라갔는데, 사람이 없어서 전국으로 다니면서 150명을 조직했던 거고요.

그리고 자리가 사람을 만드는 것 같아요. 대장을 맡았을 때, 자존심이 생기는 것 같달까요. 그걸 좋다, 나쁘다, 이런 것보다 뭔가 바깥에서 안 좋은 소리를 들으면 말하는 쪽으로는 '니네가 뭔데?' 싶으면서 또 우리 쪽으로는 '좀 자중해라.' 이렇게 얘기를 하게도 되고요.

예를 들면, 예전에는 집회 끝나면 무대 뒤에 술판을 많이 깔아놨었어요. 아무 데서나. 근데 다른 매체나 지나가는 조합원들, 시민들이 보기에는……. 욕을 하는 사람도 많고요. 그래서 제가 대장을 할 때는 저도 자존심이 있지, 그런 소리 듣고 싶어하는 사람이 어디 있겠어요. 많이 줄였죠. 그런데 그게 또 대장마다 생각이 다르니까 다시 술판을 벌리는 경우도 있고……,

지금도 풍물패는 술을 많이 마시는 편이기는 해요. 여기 연습실에서 사다가 먹기도 하고 나가서 먹기도 하고. 근데 전처럼 길거리에서 판 벌려서 술자리를 펼쳐 놓으면 신고가 들어가니까요. 요즘에는 하도 그런 일이 많아 가지고 그런 건 안 하고 식당에 들어가서 먹거나 여기서 먹거나 하죠. 하지만 이제는 세태가 바뀌어서 술도 많이 줄고, 안 먹기도 하고요. 일단 생활 자체가 좀 많이 변했어요. 차를 끌고 다니는 사람이 많아지기도 했고요. 예전에는 차 있는 사람은 차를 내버려두고 술을 마셨지만 지금은 차 때문에 아예 안 먹어요. 마셔도 만취가 되도록 먹는 경우는 거의 없고요. 나이들도 있으니까요.

그래도 아직도 말통술로 먹는 데가 있어요. 딱 한 군데 전라도 광주예요. 10년 동안 풍물패 다시 조직하느라 부산, 울산, 광주 다 돌아다녔는데. 사람들하고 미팅(meeting)하고 간담회하고 이러면서요. 풍물패는 대충 광주, 울산 등은 거의 끝났고 몇 사람 안 남아 있어요. 그래도 기운이 그나마 남아 있는 데가 광주. 광주는 선배들이 아직까지 기운이 남아 있어서 '야, 여기는 못 당하겠다.' 싶은 거죠. 근데 그 선배들이 좀 있으면 정년이에요. 올해, 내년 해가지고. '나가면 이제 어떡할래?' 그 선배들도 걱정이 태산인 거예요. 벌써부터. 앞으로 신입도 없고 어떻게 할 것인가. 다 나가는 사람들만 있는데 어떻게 할 것인가. 논쟁을 한 번 붙였었는데, 이제는 고민도 안 하더라고요. 저도 이제는 '니들 마음대로 해라. 나는 인천에서 후배들 만들어놓고 우리끼리라도 잘 놀련다.'하는 마음이에요.

그래도 올해 2023년 노동자대회 참가신청서를 풍물은 160명, 170명 가량 냈답니다. 10년, 20년 해왔던 풍물패에다가 최근에 와서 건설 쪽, 경기 동부 쪽에 풍물패가 많이 조직이 됐어요. 풍물패는 그나마 광주하고 마창 쪽에, 그나마 남아 있고 마창이 잘 안 움직여서 그러는데 거기 구십(1990)년, 구십이(1992)년도에 만났던 제 또래들이 아직까지 남아 있어요. 이번 주 목요일날 들불문화제를 한대요. 풍물패 공연도 있다고 하니까 한 번 가서 봐볼라고요.

전국에서 예전부터 했던 문화제를 하고 있는 곳이 큰 데가 두 군데가 있어요. 인천하고 마창, 인천노동문화제하고 마창들불문화제예요.

5. 버팀목 또는 후배 키우기

중앙문선대에 이후로 잘 올라가지 않게 된 것은 힘들기도 했지만 그보다 더 큰 고민이 있어서예요. '풍물패하는 후배들을 만들어야 한다.'는 거요. 이런 얘기를 하는 동지들이 몇 사람 있기도 했고요. 30년 했으면 우리는 많이 한 거 아니겠습니까? 그런데 좀 이상한 것이 더늠도 내부 회원 확장 사업을 하면 저보다 나이 많은 분들이 많이 들어와요. 후배라고 해야 할지 애매해요. 그래서 '버팀목'이라는 모임으로라도 후배들 키워내려고 노력하고 있어요. 이런 작업을 좀 많이 해야 하는 거 아닌가. 그냥 뒤에 앉아서 노는 게 아니라 같이 활동하면서 잘하게끔 지원해야 하는 거 아닌가. 그런 작업을 하려고 고민하고 있죠.

노조 풍물패를 보면, 제가 50대 초반인데 아직도 전국 판에서 막내 그룹에서 아직도 못 벗어나고 있어요. 스무 살 때나 지금이나 막내 그룹이에요. 평균 연령이 50대 후반이어서 그때 했던 사람이 지금도 하고 있고요. 그때는 형들, 누님들이 일했었으니까요. 그러니까 제 밑으로는 몇 사람 없고, 있어 봤자 40대 후반인 거죠. 전국 판, 노조 판으로도, 더늠 회원들도 마찬가지인데, 제 밑으로 30대, 40대는 몇 명 안 돼요.

더늠 회원들은 둘째 치고 일반 조합원들도 그때를 기억하는 사람들은 이미지가 딱 박혀 있어요. 노조 특히나 대우자동차를 보면 당시 풍물패 활동은, 또 형님들은, 정리해고 때 한 사람 빼고 다 정리해고 당했다가 다시 복귀한 케이스거든요. 그걸 봐왔던 사람들이니까 풍물패 하면, '아! 으쌰으쌰 데모(Demo) 풍물!' 이렇게 각인이 돼 있어서 더 이상 사람들이 안 들어오는 거일 수도 있고요. 집회 때 보는 풍물이 딱 그거니까.

그러면 활동 열심히 하는 노조원들은 왜 풍물패 가입을 안 하냐고 물어보니까, 악기 치는 게 힘들어서 못 들어오겠다는 거예요. 몸짓이나 노래는 몸만 가서 움직이면 되니까 할 만한데. 풍물은 악기를 일단 들고 움직여야 되니까 그게 힘들대요. 그 얘기를 현장 돌아다니면서 수없이 들었어요. 그래서 '야, 이거 풍물패 까딱하다간 진짜 없어지겠구나.' 그런 생각까지 개인적으로 해봤어요.

무엇보다 어느 순간 현장에서 선배들이 다 싸그리 싹싹 없어졌어요. 2000년도 딱 넘어서, 물론 대우만이 문제가 아니라 인천 전체가 그런 거고 풍물패나 문화활동만 그런 것이 아니라 다른 조직, 단체 활동도 마찬가지였어요. 나를 가르쳤던 선배들이 어느 순간 싹 없어졌어요. 대부분은 먹고 사는 문제, 생계문제가 심각해서 딱 들어갔던 거예요. 그래서 지랄지랄 했죠. '선배들 운동하라고 뭐 어쩌고어쩌고 그러더니 어디

갔다가 지금 나왔냐.'고. 그렇게 싫은 소리도 하고 그랬는데. 내가 그 나이가 딱 되니까 알겠어요.

애 어쩌고, 집안 문제가 어쩌고 40대 후반쯤 되는 그 나이대가 그런가 봐요. 그래서 선배들이 어느 순간 쭉 떠났다가 이제 조금 여유가 생겨서 다시 돌아오는 것 같아요. 한동안 안 보이던 선배들이 눈에 보이기 시작하고 또 이런저런 고민이 보이기도 하고.

요즘에는 진짜 나이 많이 드신 50대 후반의 누님, 형님들이 '취미활동으로 뭐 할까?' 그러시면서 정년퇴직하고 나서 다시 시작하는 분들이 몇 분, 극소수로 계시긴 해요.

버팀목의 현재 수준은 서서 치면서 풍물 고유의 호흡대로 하는 게 부족해요. 2023년 올해 6월 워크숍(workshop) 때부터 서서 치는 기본적인 호흡들을 배우기 시작했어요. 그래서 올겨울 12월에 워크숍을 한 번 더 할 건데 서서 치면서 도는 동작이 또 잘 안 되기도 해서 그걸 배우고 나서 차분히 밟아 나가려고요. 내부적으로 설장구 가락도 배우고요. 나름대로 계획들이 많습니다. 다들 재미있어 해요. 버팀목이 아직 미흡하기는 하지만 "못하면 어때! 잘 놀면 되지." 이런 기분으로 오아시스 사업 같은 거 할 때, 공연 몇 번 했어요.

재미있는 건, 제 느낌에 불과한 것일 수도 있지만, 더늠 회원 신명 팀이 저희 버팀목 때문에 조금 긴장을 하고 있는 것 같아요. 버팀목이 나름대로 워크샵도 하고 공연도 하고 그러니까 신명 팀 입장에서는 긴장이 좀 되는 거죠. 같이 해보기도 했는데 잘했다고 난리가 났어요. 앞으로 같이 하냐 마냐 이런 소리도 나오고요. (웃음) 어차피 따로 할 것은 아니고 신명이랑 같이 할 거예요.

열심히 준비해서 내년 쯤에 무슨 행사할 때 독자로 공연을 할 수가 있으면 좋겠어요. 여름은 지나야 할 수 있을 것 같아요. 공연 같은 거 하려면 연습을 하고서 해야 되니까요. 작년까지는 잘 안 돼도 '씨, 그냥 해보자, 경험을 한 번 해보자.' 이런 분위기였어요. 요즘에 대학교 때 풍물을 쳤던 친구들이 들어왔어요. 인하대에서 옛날에 '아리랑'을 했었대요. 잘 치는 친구들이에요. 실력이 좀 많이 좋아졌습니다. 꽹과리, 장구, 북 치배를 돌려야 되는데, 전에는 잘 안 됐거든요. 그런데 지금은 돌려도 돼요. 아주 여유로워졌어요. 조금 더 가다듬고 해서 내년 하반기 정도에 우리만의 독자 공연도 해보고 싶습니다. 공연할 때 한 번 모시겠습니다. 꼭 오셔서 막걸리 한 잔

드시고 가십시오.

6. 풍물의 매력 또는 풍물을 계속하는 힘

작년에 우리 '버팀목'에 들어온 20대 여성 동지가 한 명 있어요. 여성 동지가 스물여덟 먹은 친구예요. 인천공항 근무하는 친구인데 처음에 깜짝 놀랐어요. 20대를 만나본 지가 하도 오래되어서 그것도 남자애도 아니고 여자애라 어떻게 할지 겁이 날 지경이었어요. 다 노인네들만 있어 가지고 완전히 굳었었어요. 지금은 적응 잘해서 친해졌죠. 이 친구가 잘하고 싶다는 욕심도 있고 참 열심히 해요.

이 친구가 혼자 오기 뭐하니까 친구를 하나 데려왔었어요. 같이 하자 꼬득이려고 그런 건 아니고요 자기 혼자 하기 민망해가지고 같이 잠깐 몇 번만 나가달라고 그랬대요. 언니하고 어머니하고 세 식구 사는데, 공연할 때 항상 모시고 오고 따라다니고 그러는 편이에요. 더늠에서 외부인 풍물 교실하는데 그 어머니가 배운다고 오셨어요. 잘 됐다고 했죠.

이 친구가 딱 했던 이야기가 있어요.

'집회 나갔다가 풍물패들 풍물 치는 거 보면 그 울림, 그 소리가 좋아서 하고 싶다.'

그 말 듣고 지금 하고 있는 사람들이 새로운 사람을 꼬실 때, 풍물을 치면 정말 재미나고 흥겹다. 이런 멘트를 아무리 날려도 안 되겠구나. 본인 스스로 진짜로 들어오겠다는 마음,

북소리에 가슴이 벌렁해서 북소리 때문에 들어오겠다고 하는 거 아니면 말짱 황인 거 아니냐. 그런 기분이 들더라고요. 왜냐하면 평소에 조합원이든 일반 시민이든 풍물 쪽에는 아무 관심이 없어요. 진짜 조금이라도 관심이 있으면 우리 막내처럼 그렇게 표현을 하겠죠.

'풍물소리 들으니까 진짜로 속이 다 후련해요. 북 울림 소리가 진짜로 듣기 좋아요.'

생각해 보면 저도 그래요. 풍물이 제일 재미있어요. 다른 거는 어차피 눈에도 안 들어오고요. 지금도 그렇습니다. 소화제를 먹은 것 마냥 속이 뻥 뚫리는 느낌이 있어요.

그런데 올해 들어서는 공연을 하면 힘이 들어요. 고민이 더 많아집니다. 저는 꽹과리를 많이 했어요. 개인적인 욕심은 장구를 많이 치고 싶고요. 개인적으로 어렸을 때부터 욕심이 있기는 했는데 꽹과리를 서로 안 한다고 그래서 얼레벌레 꽹과리만 수십 년째 치고 있습니다. 이제 꽹과리 다른 사람 하라고 하고 장구를 치려고 그랬더니 기력이 딸려요. 앞으로는 '계속 북만 쳐야 되나.' 싶습니다.

저는 의외로 풍물패를 때려치고 싶은 생각은 별로 없었어요. 그냥 이래저래 사람에 치여서 좀 힘들었던 경우는 있었지만요. 그거는 다른 이유도 많고 개인적으로 힘들어서 '이제 좀 쉬고 싶다.' 요 정도였지, '풍물을 그냥 때려치고 싶다.' 이 정도까지는 안 갔어요. 무슨 활동을 하든지 간에 선후배지간에 트러블(trouble)도 있고 그런 거는 당연지사죠. 주변에 동료들하고 이것저것 활동을 하면서 논란이 되거나, 입씨름 같은 건 누구든지 다 있잖아요.

그게 싫어서 떠나는 사람도 있긴 했어요. '재 있으면 나 안 할래.' 이런 얘기를 하는 경우도 있고요. 활동을 하는 것이 같이 잘 살자고 하는 짓인데, 그 안에는 여러 가지 의견대립도 있을 수 있고 싸우기도 하고 그럴 수 있잖아요. '나 재 있으면 안 하려고.' 이게 말이 되냐고 저는 그렇게 생각해요. 어쩔 수 없는 사정이 있는 경우도 있겠지만요.

저 같은 경우는 의외로 저에게 어쩌고어쩌고 구박 주는 사람이 많아도 이상하게 그게 싫은 소리도 안 들리고 '열심히 하라는 소리겠지 뭐.' 이렇게 생각이 되었어요. 그래서 잘 남아있던 것 같고 덕분에 지금까지 버티고 있는 것 같아요.

그리고 구십구(1999)년 배동복 열사가 돌아가셨잖아요. 기욱이 형이랑 1년 간격으로 먼저 갔으니까. 그 형이 제가 남은 이유일 수도 있어요. 제가 보기엔 그래요. 저 스스로한테……. 살아있을 때, 말을 다 못했지만 가셨을 때 속으로 다짐한 건 딱 하나에요. '열심히 하겠습니다.'

제가 동생이긴 하지만 영창악기 있을 때, 활동가로 만들고 싶어서 그 형 생전에 자주 만나서 이야기를 나누었어요. 그 형님이 살아온 생활들이 있고 내가 살아온 삶이 다르기 때문에 부딪침도 많았어요. 그걸 극복하려고 자주 만나고요. 우리가 만난 것은 영창악기였지만 동복이 형은 롯데기공에서 조합활동을 한 경험이 있었어요. 영창악기에서는 일반적인 조합원이었고요. 개인적으로 욕심을 갖고 풍물패 포함해서 활동가를 만들려고 노력했었어요. 아, 몇 년 전에 기일 때문에

아들래미하고 통화를 했는데 '아버지에 대한 기억이 있느냐.' 고 물어봤더니 아버지에 대한 기억이 거의 없대요. 놀랍기도 하고 아쉽기도 하고 안쓰럽기도 하고……

지금 이 시기, 처음 활동을 시작한 시절하고 비교해도 변한 게 뭐가 있냐 싶기는 해요. 저는 아무 것도 변한 게 없다고 판단하고 하고 있어요. 스스로 칼을 들이대려면 진짜로 잘 대야 되는데, 남들한테 좀 유하게 하더라도, 지금도 아이엔지(ing)이긴 해요. 저 스스로한테 판단 잣대를 잘 대고 있는지 저는 잘 모르겠어요. 그게 항상 숙제입니다. 저 스스로한테. 하지만 지금 노동운동, 풍물패 열심히 해서 새삼 무슨 자수성가 할 일도 아니지만 같이 뭔가 움직일 때, 같이 하는 것이 제 역할인 것 같아요. 얘기도 많이 하고 다른 사람 빈 구석 보이면 서로 채워주고 그러는 것이 지금 가장 주력해야 할 일이 아닐까 생각합니다.

하지만 저도 이제 애인이 생기면 풍물도 그만 두고 지역모임도 그만 두고 연애하면서 애인한테만 집중하고 즐겁게 지내볼 생각이에요. 사람들에게 다 그렇게 선포해 놨어요.

이제야 시작하는 인천 노동문화 이야기 ①

그 뜨겁던 날의 기억

초판 인쇄 / 2024년 4월 30일

구술 / 조봉호, 이주헌, 백승수
기획 / 성창훈
면담 / 이은진
녹취 / 박신영
검독 / 장미란
교열·윤문 / 윤진현
펴낸이 / 윤미경
펴낸곳 / 도서출판 다인아트
출판등록 1996년 3월 8일 제87호
인천광역시 중구 제물량로232번안길 13
tel. 032+431+0268 / fax. 032+431+0269
e-mail. dainartbook@naver.com

ISBN 978-89-6750-156-3 04810
978-89-6750-155-6 04810(세트)
값 / 12,000원

※ 이 책은 인천문화재단 문화기획프로젝트 시민X 사업의 지원을 받아 제작되었습니다.